Inhaltsverzeichnis

Vorwort

Liebe Erzieher*innen,

die Begegnung mit dem Meer macht den Kindern riesigen Spaß: Von morgens bis abends können sie nach Herzenslust matschen, planschen, im Sand buddeln und mit den nackten Füßen durch den Schlick laufen. Dabei erleben sie ganz elementar die Gesetze der Naturgewalten Wasser, Erde und Wind.

Aber auch für uns Erwachsene hat das Meer seine Faszination nicht verloren – ganz im Gegenteil. Gedankenverloren blicken wir am Meer dem Sonnenuntergang entgegen, schwimmen in den mächtigen Wellen und lassen uns anschließend von Sonne und Wind wieder trocknen.
Das Meer bietet Tausende von Möglichkeiten – und birgt mindestens ebenso viele Geheimnisse.

Leider können diese Geheimnisse häufig nicht vor Ort erforscht werden, da das Meer oft viele Kilometer weit entfernt ist. Anknüpfend an eventuelle Urlaubserfahrungen der Kinder lässt sich der Lebensraum Meer jedoch auch mit Hilfe dieser Projektmappe in der Kita erschließen.
Dabei werden alle Sinne angesprochen: In Experimenten erproben die Kinder, warum Schiffe schwimmen können und wie Salz aus dem Meer verdunstet. Sie hören verschiedene Meeresgeräusche, meditieren mit Muscheln und lernen jede Menge über die Tiere, die im Meer leben. In Liedern, Bastel- und Backangeboten setzen sich die Kinder kreativ mit dem Thema auseinander. Zahlreiche Spiele mit Wasser und Sand runden das Projekt ab.

Prinzipiell kann das Projekt das ganze Jahr über durchgeführt werden. Da in vielen Angeboten mit Sand und Wasser experimentiert wird, bietet sich es sich jedoch an, es im Sommer stattfinden zu lassen.

Ich wünsche Ihnen und Ihren Kindern viel Spaß mit dem Projekt „Meer“!

Teresa Zabori

Hinweis:
Aus Gründen der besseren Lesbarkeit wird im Folgenden auf eine sprachliche Differenzierung der Geschlechterbezeichnungen verzichtet. Da die Erzieher in Kindertagesstätten zumeist weiblich sind, haben wir uns hier für die weibliche Form entschieden. Selbstverständlich sind stets alle Geschlechter angesprochen.

Vorbemerkungen und Arbeitshinweise

Zu den verwendeten Symbolen

Bildungsbereiche (jeweils das äußerste Symbol oben rechts auf den Arbeitsblättern):

 Sprachliche Bildung

 Musikalische Bildung

 Ästhetische Erziehung

 Umwelt-, Sach- und Naturbegegnung

 Gesundheit und Ernährung

 Mathematische Bildung

 Feste und Feiern

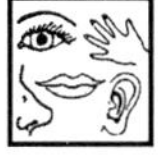 Wahrnehmung und Entspannung

 Körpererfahrung und Bewegung

 Sozialerfahrungen

Sonstige Symbole:

 geeignet für die Begabtenförderung

 für unter 3-Jährige geeignet

Layout:

- Die Seiten mit dem **Seepferdchen** im Layout unten rechts sind für die Erzieherin gedacht.
- Die Seiten mit dem **Seehund** unten rechts sind Arbeitsblätter, die direkt mit den Kindern bearbeitet werden können.

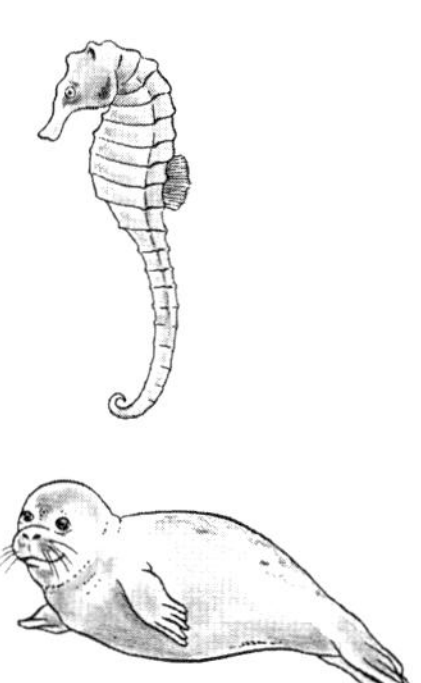

Wissenswertes zum Thema „Meer“

In dieser Projektmappe lernen die Kinder viele Meerestiere und die Eigenschaften des Meeres näher kennen. Im Großen und Ganzen wird ein recht idyllisches Bild vom Meer entworfen – das jedoch leider trügt. Das intakte Ökosystem, als das die Kinder das Meer kennenlernen, existiert so nicht mehr.
Inzwischen sind die Ozeane leider zu einer riesigen Abfallkippe für Müll geworden. Viele Schadstoffe, die sich in den Flüssen befinden, werden bis ins Meer transportiert. Ganz zu schweigen von radioaktiven Abfällen, ausgelaufenem Öl oder Plastikmüll, der zum Beispiel im Nordpazifik in Form eines Teppichs in der Größe Mitteleuropas umhertreibt.
Obwohl Fisch theoretisch gesund ist, kann sein Verzehr in den meisten Fällen nicht empfohlen werden. Zum einen aufgrund der enormen Überfischung sämtlicher Meere, zum anderen aufgrund von Schwermetallbelastungen. Wenn Fischprodukte gegessen werden, sollten diese möglichst das MSC-Siegel tragen; allerdings ist auch dieses keine Garantie für eine wirklich nachhaltige Fischerei.

Allgemeine Hinweise zur Organisation und Durchführung

Authentische Erfahrungen:

Am schönsten ist es für die Kinder, wenn diese authentische Erfahrungen mit Fischen und anderen Meeresbewohnern sammeln können. In diesem Zusammenhang bietet sich ein Ausflug in einen Aquazoo an. In einigen Einrichtungen kann man spezielle Führungen für Kindergartenkinder buchen, wie zum Beispiel im OZEANEUM in Stralsund (s. S. 5).
Aber auch in vielen „normalen“ Zoos sind Aquarien oder Delfinarien vorhanden. Vielleicht besteht für die Kinder auch die Möglichkeit, Fische in dem Aquarium eines Gruppenkindes zu Hause zu beobachten.

Vorbemerkungen und Arbeitshinweise

Um sich einen Eindruck von den unterschiedlichen Tieren, die im Meer leben, zu verschaffen, können auch kurze Filmsequenzen aus dem Internet gezeigt werden, zum Beispiel von *www.youtube.de.*
Eine weitere Möglichkeit für eine authentische Erfahrung ist der Besuch eines Fischmarktes, auf dem viele verschiedene Meerestiere betrachtet werden können.

Religiöse Aspekte:
Für konfessionelle Kindertageseinrichtungen ergeben sich aus dem Thema vielerlei Möglichkeiten zur religiösen Früherziehung.
Wasser, Schiffe, Fische o. Ä. stellen entscheidende christliche Symbole und Metaphern dar, wie zum Beispiel das Wasser bei der Taufe oder der Fisch (ICHTHYS) als Symbol der ersten Christen für Jesus Christus, Gottes Sohn, den Erlöser.
Biblische Geschichten, die gut im Rahmen des Themas „Meer" behandelt werden können, sind zum Beispiel die „Arche Noah", „Jona und der Wal" oder „Jesus stillt den Sturm".
Auch Bilderbücher wie „Swimmy" von Leo Lionni und „Der Regenbogenfisch" von Marcus Pfister laden dazu ein, sich mit den Themen „Gemeinschaft", „Freundschaft", „Schenken" und „Teilen" auseinanderzusetzen.

Ideen für die Gestaltung des Gruppenraumes:
Der Gruppenraum lässt sich relativ einfach in eine Unterwasserwelt verwandeln. Hier finden Sie einige Beispiele:

- **Lebensgroße Fische, Quallen & Co. als Wanddekoration:** Einige Meerestiere werden (lebens)groß auf Packpapier gemalt und ausgeschnitten. Anschließend werden sie an den Wänden des Gruppenraumes befestigt.

- **Das Meer im Regal:** Der Untergrund wird mit Packpapier beklebt. Auf das Packpapier wird Kleister aufgetragen und dieser mit Sand bestreut. Anschließend kann der „Meeresboden" mit Steinen, Muscheln etc. verziert werden. Von den Kindern gebastelte Fische oder andere Meeresbewohner werden auf einen blauen Müllsack geklebt und/oder mit dünnen Fäden an dem oberen Regalbrett befestigt.

- **Weitere Dekorationsideen:**

– Fische, Quallen, Algen & Co. mit Fingerfarben an die Fenster malen.
– Fische aus Transparentpapier basteln und an die Fenster kleben.
– Kartoffeldruck-Bilder zum Bilderbuch „Swimmy" anfertigen.
– Netze mit Muscheln aufhängen, lange Muschelketten (s. S. 15) durch den Raum spannen.
– Auch die selbstgebastelten Kugelfische (s. S. 16), Quallen (s. S. 18) oder Aquarien (s. S. 18) eignen sich hervorragend dafür, den Gruppenraum in eine Unterwasserwelt zu verwandeln!

Bilderbücher:
- Carle, Eric: Herr Seepferdchen. Gerstenberg 2013
- Lambert, Jonny: Der kleine Wal und das große Meer. DK Verlag 2023
- Lionni, Leo: Swimmy. Beltz & Gelberg 2018
- Pfister, Marcus: Der Regenbogenfisch. Nord-Süd 1996
- Scheffler, Axel u. Donaldson, Julia: Die Schnecke und der Buckelwal. Beltz & Gelberg 2018

Sachbücher:
- Wieso? Weshalb? Warum? Junior (Ravensburger), 2–4 Jahre: „Am Meer", „Die Schiffe"
- Wieso? Weshalb? Warum? (Ravensburger), ab 4 Jahren: „Komm mit ans Meer", „Wir entdecken Wale und Delfine", „Alles über Schiffe"

Internetadressen:
- *www.kidsweb.de/themen/unterwasserwelt (viele weitere Anregungen zum Thema „Meer“ für Kinder)*
- *www.kindermeer.de*
- *www.wikipedia.de* (viele Infos zu Tieren, die im Meer leben)

Einige Vorschläge für einen Aquarienbesuch:
- Düsseldorf: Aquazoo Löbbecke Museum: *www.duesseldorf.de/aquazoo*
- Hannover: SEA LIFE Hannover: *www.visitsealife.com/hannover/*
- München: SEA LIFE München: *www.visitsealife.com/muenchen/*
- Oberhausen: SEA LIFE Oberhausen: *www.visitsealife.com/oberhausen/*
- Stralsund: OZEANEUM: *www.ozeaneum.de*

Tipps und Anregungen zu den einzelnen Angeboten

Zum Umgang mit den Arbeitsblättern:
Diese Projektmappe enthält auch einige Arbeitsblätter, deren Aufgabenstellung Sie mit den Kindern in Kleingruppen besprechen (vorlesen) müssen.
Für die Aufbewahrung der Arbeitsblätter empfehle ich, je nach Gruppensituation und organisatorischen Bedingungen, verschiedene Möglichkeiten:
- Ablagefächer (alternativ unifarben gestaltete Deckel von Kopierpapierkartons). Die Kinder haben so freien Zugriff auf die darin sortierten Arbeitsblätter und können ihre Aufgaben selbst auswählen.
- Jedes Kind verfügt über einen Schnellhefter, in den die Erzieherin regelmäßig nach Alter und Entwicklungsstand ausgewählte Arbeitsblätter (z. B. zwei Arbeitsblätter pro Woche) einheftet oder gemeinsam mit dem Kind aussucht. Die Kinder wählen die Zeit der Bearbeitung entweder frei oder es gibt festgelegte Zeiten, innerhalb derer das Kind seine Arbeitsblätter bearbeiten kann.
- Die fertiggestellten Arbeitsblätter werden im Schnellhefter oder in einer Sammelmappe/einem Sammelordner abgeheftet bzw. gehören als Anlage zur Bildungsdokumentation oder zum Portfolio.

Jedes Arbeitsblatt in diesem Projektheft ist einem Bildungsbereich zugeordnet. In der Regel ist es jedoch so, dass die Spielideen, Bastelanleitungen und Lieder niemals nur einen Bildungsbereich ausfüllen, sondern mehrere Bereiche. So ist zum Beispiel das Pantomime-Spiel wegen der Umsetzung von Sprache in Aktion dem Bereich „Sprachliche Bildung“ zugeordnet. Gleichermaßen werden hiermit jedoch das soziale Miteinander, das Rollenspiel, der ästhetische Bereich sowie das Sachwissen über die beteiligten Tiere gefördert.

Zu „Ausmalbild ‚Meer‘“, S. 6–7:
Das Bild bietet sich gut zum Einstieg in das Thema an.

Zu „Meerestiere“, S. 8:
Dieses Angebot bietet sich gut im Anschluss an das „Ausmalbild ‚Meer‘“ (S. 6–7) an.

Allgemeine Information zu den Bastelarbeiten im Bereich „Ästhetische Erziehung“, ab S. 15:
Fotografieren Sie die Materialzusammenstellung und jeden einzelnen Arbeitsschritt. Kleben Sie die Fotos mit der Auflistung der Materialien bzw. mit der dazugehörigen schriftlichen Arbeitsanweisung auf DIN-A5-Karten, nummerieren Sie die Karten in der richtigen Reihenfolge und laminieren Sie diese. So erhalten Sie bebilderte Karten, die Ihre Kinder zum selbstständigen Arbeiten motivieren.

Zu „Malen mit Sand“, S. 15:
Damit möglichst schöne Bilder entstehen, bietet es sich an, die Kinder die Sandmaltechnik vorab auf einfachen Papierblättern üben zu lassen.

Zu den Rezepten im Bereich „Gesundheit und Ernährung", ab S. 28:
Zu den Rezepten finden Sie auf der Seite 30 Bilder mit allen bei diesen Rezepten verwendeten Zutaten und Haushaltsgeräten sowie Pfeile, mit deren Hilfe Sie die Rezepte bei Bedarf als großes Plakat gestalten können. Vergrößern Sie dazu die benötigten Zeichnungen auf dem Kopierer. Mit den vorhandenen Bildern können Sie auch Bildrezepte auf einem DIN-A4-Blatt erstellen, für jedes Kind kopieren und in einem Schnellhefter sammeln. So erhalten die Kinder eine eigene Bild-Rezepte-Mappe.
Achtung: Bitte achten Sie bei den Rezepten auf eventuelle Lebensmittelunverträglichkeiten der Kinder!

Zu „Malen nach Zahlen", S. 33:
Stellen Sie den Kindern zum Ausmalen eine nummerierte Farbpalette bereit, an der sie sich orientieren können.

Zu „Meeresgeräusche", S. 42:
Meeresgeräusche finden Sie im Internet zum Beispiel auf der folgenden Website:
http://www.whalesong.net → The Whalesong Project → Sounds → Whale songs (sehr viele Walgesänge)

Zu dem Bereich „Körpererfahrung und Bewegung", ab S. 45:
Hierzu bieten sich noch viele weitere (Bewegungs-)Spiele an, wie zum Beispiel „Fischer, Fischer, welche Fahne weht heute?" oder „Fischer, Fischer, wie tief ist das Wasser?"

Ausmalbild „Meer" (ab 2 Jahren)

Material:
Kopiervorlage „Ausmalbild Meer" (s. S. 7), Buntstifte

Vorbereitung:
Das Ausmalbild wird für jedes Kind einmal kopiert. Wenn die Erzieherin selbst vorab ein Bild anmalt, kann das Aussehen der Meerestiere noch besser thematisiert werden.

Spielmöglichkeit:
Zuerst betrachten die Kinder gemeinsam das Bild und äußern spontan ihre ersten Gedanken dazu. Vielleicht können sie schon einzelne Tiere benennen.
Anschließend kann die Erzieherin die Kinder zum weiteren Sprechen ermuntern, indem sie gezielte Fragen stellt, wie zum Beispiel:
- Wie heißen diese Tiere?
- Was machen die Tiere?
- Wo leben die Tiere?
- Hast du ein solches Tier schon einmal gesehen?
- Ist das Tier gefährlich?
- Welche Farben haben die Tiere?

Anschließend malen die Kinder ihre Bilder aus. Dabei können sie sich entweder an den Farben des Bildes der Erzieherin orientieren oder diese frei wählen.

Variante: Mit älteren Kindern kann anhand des Ausmalbildes auch das Zählen geübt werden. Auf gezielte Fragen der Erzieherin hin zählen die Kinder die jeweiligen Tiere.

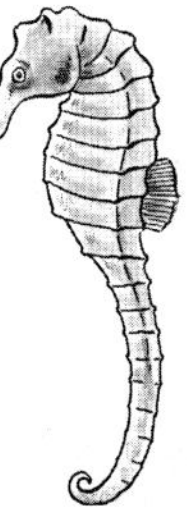

Kopiervorlage „Ausmalbild Meer“

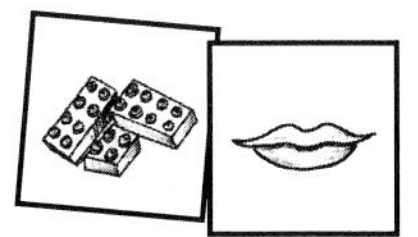

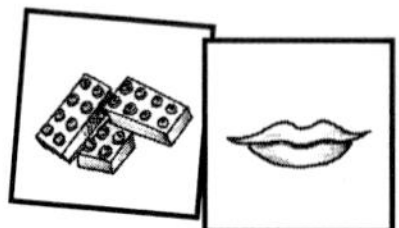

Meerestiere (ab 2 Jahren)

Material:
Bildkarten (Kopiervorlage „Meerestiere" s. S. 9), Klebeband (nur für das Spiel „Welches Tier bin ich?"), Buntstifte, 1 Schere, ggf. 1 Laminiergerät und -folie

Vorbereitung:
Die Bildkarten werden ausgeschnitten, angemalt und ggf. laminiert.

Spielmöglichkeiten:

- **Wie heißen die Tiere? (ab 2 Jahren)**
  Die Bildkarten liegen verdeckt auf dem Tisch. Ein Kind deckt eine Karte auf und versucht, das Tier richtig zu benennen.
  Bei Schwierigkeiten darf es sich von den anderen Kindern helfen lassen.
  Je nach Alter der Kinder können schwierige Karten auch weggelassen werden.

- **Pantomime (ab 4 Jahren)**
  Die Bildkarten werden gemischt und verdeckt auf einen Stapel gelegt. Der erste Spieler zieht eine Karte und stellt das abgebildete Tier pantomimisch dar (z. B. durch Schwimmen beim Fisch, „Robben" bei dem Seehund, „Springen" beim Delfin etc.). Die anderen Kinder raten, um welches Tier es sich handelt.

- **Welches Tier bin ich? (ab 4 Jahren)**
  Jedem Kind wird mit Klebeband eine Bildkarte an die Stirn geheftet, ohne dass dieses weiß, um welches Tier es sich handelt.
  Reihum versuchen die Kinder nun zu erraten, welche Tiere sie sind. Dabei dürfen sie nur „Ja-Nein"-Fragen an ihre Mitspieler stellen, wie zum Beispiel:
  „Kann ich schwimmen?"
  „Bin ich groß?"
  „Sehe ich aus wie ein Stern?"
  Wird eine Frage von den anderen Kindern mit „Nein" beantwortet, so ist der nächste Mitspieler an der Reihe. Die Kinder, die ihre Tiere erraten haben, legen ihre Karten in die Mitte.
  Braucht ein Kind sehr lange, um sein Motiv zu erraten, dann können die anderen Kinder oder die Erzieherin ihm natürlich Tipps geben.

- **Memo-Spiel (ab 3 Jahren)**
  Mit den Karten lässt sich natürlich auch ein Memo-Spiel spielen. Dazu werden alle Bildkarten doppelt kopiert, ausgeschnitten, bemalt und ggf. laminiert.

- **Silben klatschen (ab 4 Jahren)**
  Wenn den Kindern die Namen der Tiere gut bekannt sind, können diese in Silben geklatscht werden. Dazu werden die Karten auf einen Stapel gelegt und nacheinander von den Kindern gezogen. Das Kind, das eine Karte zieht, spricht den Namen des Tieres deutlich aus und versucht dann, diesen in Silben zu klatschen. Alle Kinder überlegen im Anschluss, aus wie vielen Silben das Wort besteht (Wie oft wurde geklatscht?).
  Die Kinder können dieses Spiel auch in einer Kleingruppe allein spielen. Dabei sollte die entsprechende Silbenzahl allerdings durch Punkte auf den Karten markiert werden.

Kopiervorlage „Meerestiere“

BVK • Teresa Zabori: Kita aktiv „Projektmappe Meer“

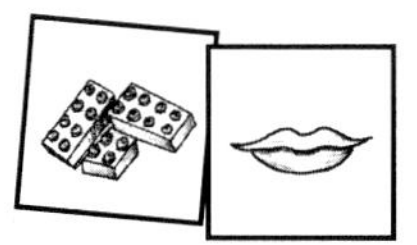

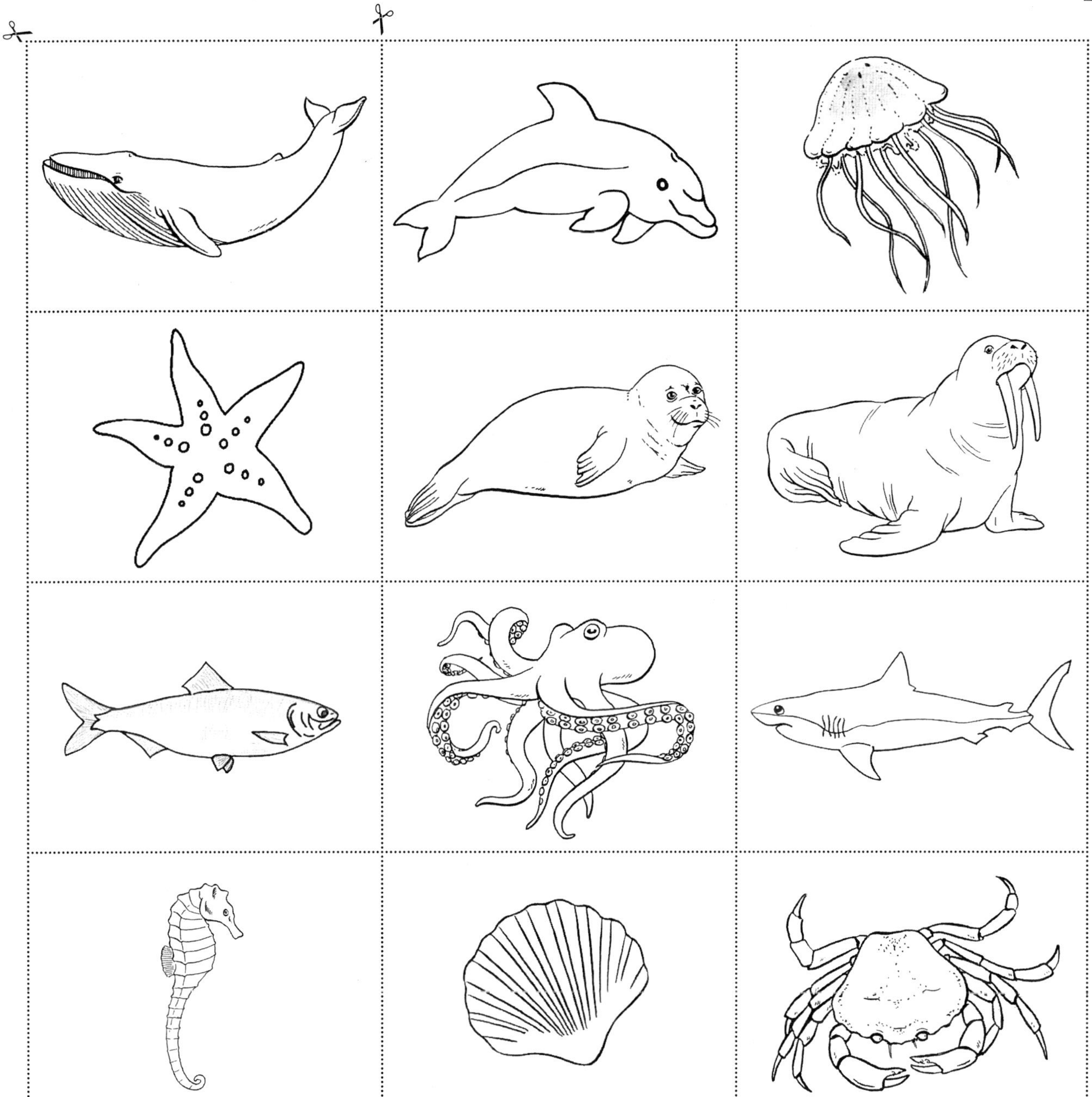

Bilder vom Meer (ab 2 Jahren)

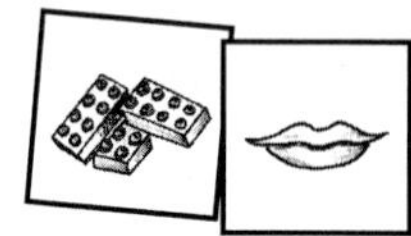

Material:
Kopiervorlage „Bilder vom Meer“ (s. S. 11), Buntstifte, 1 Schere, ggf. Laminiergerät und -folie

Vorbereitung:
Die Bilder werden kopiert, bunt angemalt, ausgeschnitten und ggf. laminiert.

Spielmöglichkeit:
Die Kinder sehen sich die Bilder genau an und erzählen spontan, was auf ihnen zu sehen ist. Dabei sollen sie möglichst in ganzen Sätzen sprechen.
Sie können ihnen dazu zum Beispiel die folgenden Fragen stellen:

zu Bild 1:
- Was für ein Tier seht ihr auf dem Bild?
- Wo ist das Tier?
- Was ist mit dem Tier passiert?
- Was machen die Menschen?
- Warum tun die Menschen das?
- Wie kann die Feuerwehr dem Wal helfen?

zu Bild 2:
- Was machen die Kinder?
- Warum haben sie ihre Schuhe ausgezogen?
- Warum kann man das Meer nicht sehen?
- Wart ihr auch schon einmal am Meer?
- Habt ihr auch schon einmal Muscheln gesucht?
- Welche Tiere habt ihr am Strand gesehen?

zu Bild 3:
- Wie heißt das große Tier?
- Warum schwimmt der kleine Fisch weg?
- Sind Haie gefährlich?
- Woran erkennt man das?
- Hast du schon einmal einen echten Hai gesehen?

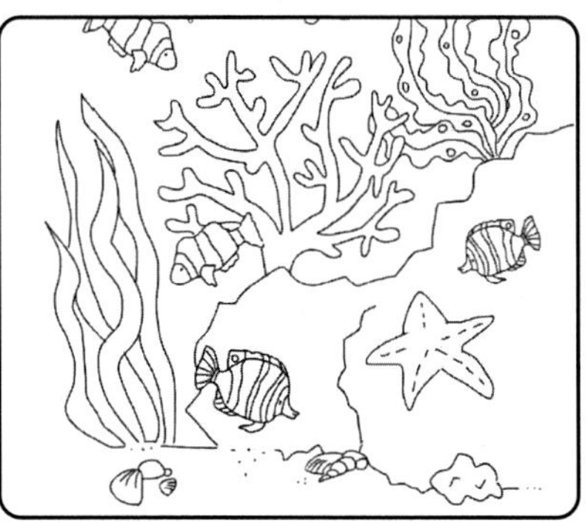

zu Bild 4:
- Welche Tiere kennt ihr?
- Was machen die Tiere?
- Welche Farben haben sie?
- Wie viele Zacken hat ein Seestern?

Kopiervorlage „Bilder vom Meer“

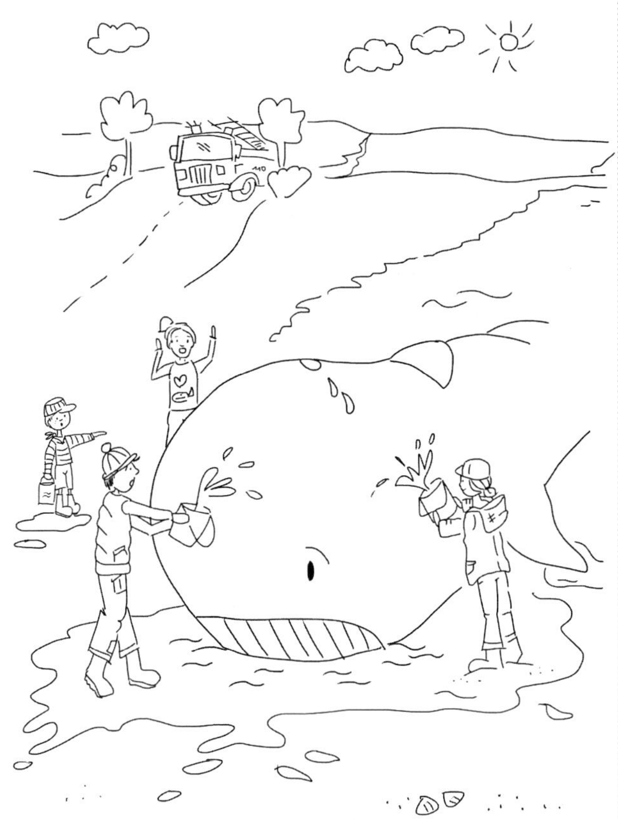

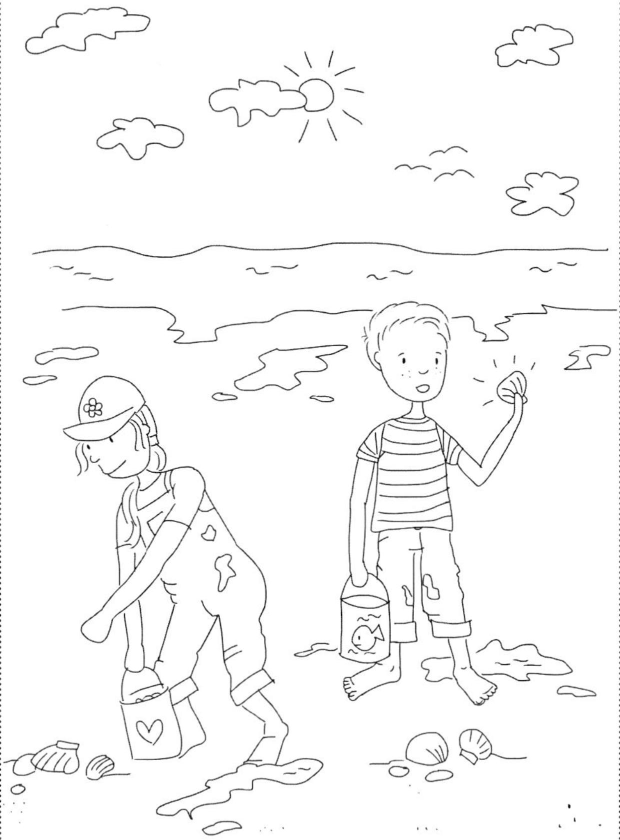

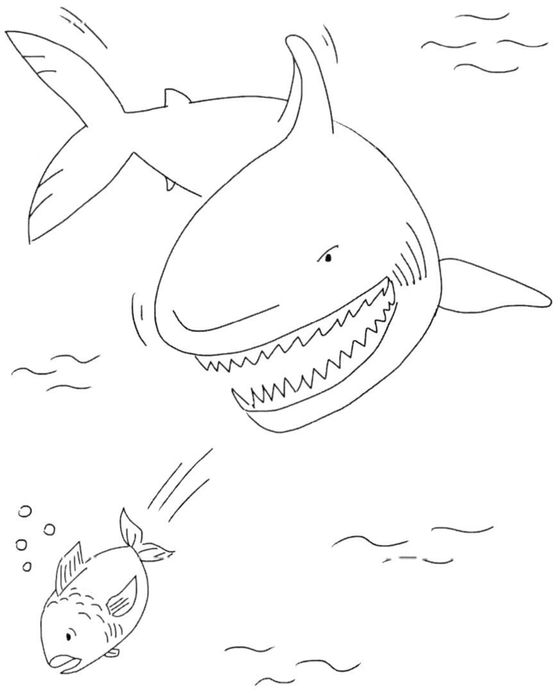

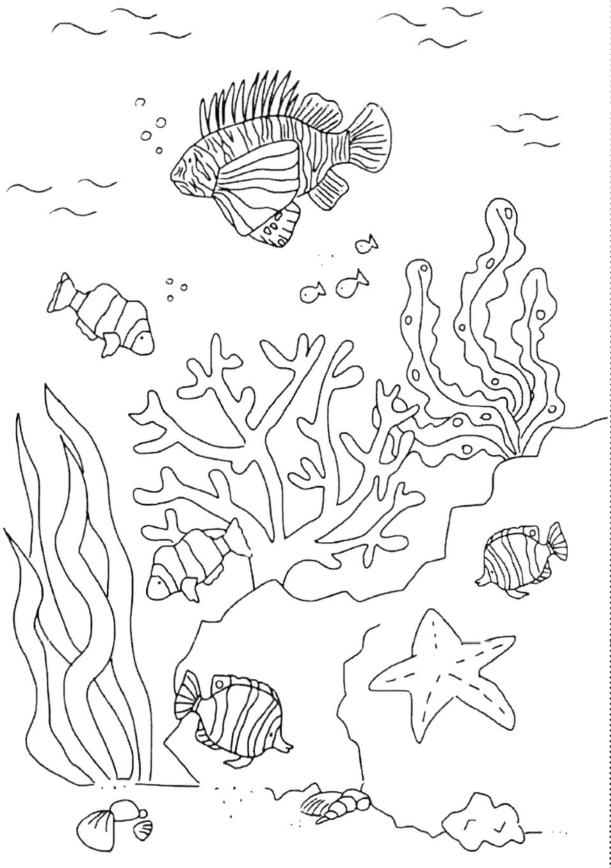

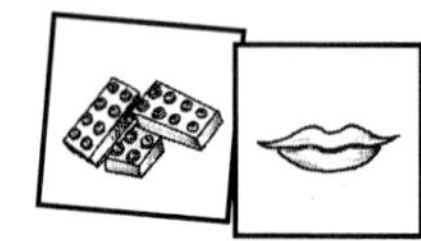

Reime und Fingerspiele (ab 2 Jahren)

Fährt ein Schiffchen übers Meer (überliefert)

Fährt ein Schiffchen übers Meer,	*mit beiden Händen ein Dreieck andeuten, die Spitze zeigt nach oben*
schaukelt hin und schaukelt her, schaukelt her und schaukelt hin.	*mit den Fingerspitzen hin und her schaukeln*
Plötzlich kommt ein großer Sturm	*mit den Armen und Händen große Wolken darstellen*
und der Wind bläst ins Gesicht –	*kräftig pusten*
und bums, da fällt das Schiffchen um.	*Das mit den Fingern dargestellte Schiffchen fällt um.*

Däumchens Seereise (überliefert)

Die beiden Däumchen, dick und klein,
die stiegen in ein Schiffchen ein.
Das Schiff schaukelte hin und her,
es fuhr hinaus aufs weite Meer.

Auf einmal kam ein Wind daher
und blies und blies aufs weite Meer.
Da ward den Däumchen bang zumut.
„Ach lieber Wind, sei doch so gut,
und stell das starke Blasen ein,
wir fürchten uns so ganz allein.“

Da blies der Wind nicht mehr
und schickte Sonnenschein aufs Meer.
Die Däumchen fuhren heim geschwind
und sagten: „Vielen Dank, Herr Wind!“

Spielmöglichkeit:
Die Kinder ballen ihre Hände zu Fäusten und stellen die beiden Daumen auf. Die Fingerspitzen der beiden Hände werden aneinandergelegt, sodass es so aussieht, als ob die beiden Daumen im Boot sitzen würden. Dann werden zu dem Text jeweils passende Bewegungen gemacht: Erst schaukelt das Boot, dann pusten die Kinder dagegen (dabei können sich die beiden Däumchen leicht ducken) und schließlich fahren sie wieder leicht schaukelnd nach Hause.

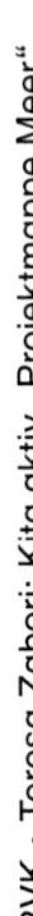

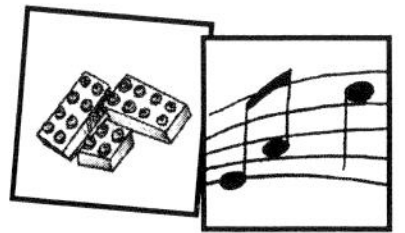

Spiellied: Wir Fischelein (ab 2 Jahren)

Melodie: traditionell nach „Wir Fröschelein“
Text: Teresa Zabori

1. Wir Fischelein, wir Fischelein, wir sind ein bunter Schwarm;
wir haben ja, wir haben ja, kein Bein und auch kein Arm.

Refrain:
Blubb blubb blubb blubb, blubb blubb blubb blubb,
blubb blubb blubb blubb blubb bluuuubb;
Blubb blubb blubb blubb, blubb blubb blubb blubb,
blubb blubb blubb blubb blubb bluuuubb.

2. Und kommt der Hai, und kommt der Hai,
dann schwimmen wir schnell weg.
Und singen dann, und singen dann, ganz leise im Versteck.

Refrain:
Blubb blubb blubb blubb, blubb blubb blubb blubb,
blubb blubb blubb blubb blubb bluuuubb;
Blubb blubb blubb blubb, blubb blubb blubb blubb,
blubb blubb blubb blubb blubb bluuuubb.

3. Und ist er fort, und ist er fort, dann kommen wir hervor.
Und singen dann, und singen dann viel lauter als zuvor.

Refrain:
Blubb blubb blubb blubb, blubb blubb blubb blubb,
blubb blubb blubb blubb blubb bluuuubb;
Blubb blubb blubb blubb, blubb blubb blubb blubb,
blubb blubb blubb blubb blubb bluuuubb.

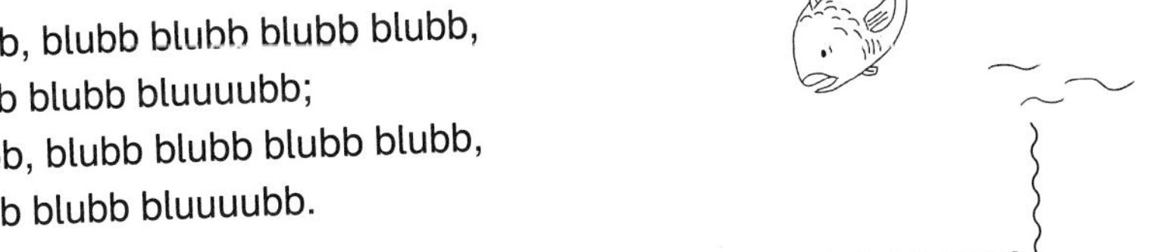

Spielmöglichkeit:
Die Kinder bewegen sich passend zum Lied.
1. Strophe: Sie laufen wie die bunten Fische fröhlich durch den Raum.
2. Strophe: Die Kinder flüchten vor dem (imaginären) Hai und suchen sich ein Versteck.
3. Strophe: Nun kommen sie wieder langsam und vorsichtig aus ihren Verstecken hervor.

Die Erzieherin kann die einzelnen Strophen singen, der Refrain wird von allen gemeinsam gesungen.

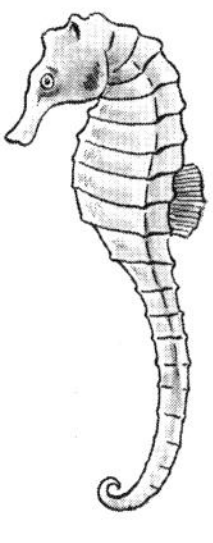

Flaschenkonzert (ab 3 Jahren)

Material:
mehrere leere Glasflaschen, 1 große Wanne mit Wasser, kleine Löffel / Klöppel, 1 Tisch

Hinweis:
Am besten sollte dieses Angebot an einem warmen Tag im Freien durchgeführt werden, da die Kinder dabei nass werden können. Falls es nur drinnen dazu die Möglichkeit gibt, sollte die Erzieherin die Flaschen vorher schon mit Wasser füllen.

Arbeitsanleitung:

1. Jedes Kind erhält eine Glasflasche. Nun darf es ausprobieren, wie es damit Töne erzeugen kann (z. B. indem es hineinpustet oder mit einem Löffel / Klöppel leicht dagegenklopft).

2. Anschließend werden die Flaschen von den Kindern in die Wanne getaucht und mit etwas Wasser gefüllt. Die Kinder stellen die Flaschen vor sich auf den Tisch und probieren aus, wie es jetzt klingt, wenn sie schräg in die Hälse der Flaschen pusten.

3. Anschließend können sie vorsichtig mit dem kleinen Löffel / Klöppel gegen die Flaschen klopfen. Dies können sie auch bei den Flaschen von anderen Kindern ausprobieren. Sind Unterschiede erkennbar?

4. Nun werden die Flaschen nach Füllhöhe sortiert. Wenn Kinder die Flaschen zu voll gefüllt haben, kann die Erzieherin dabei helfen, überschüssiges Wasser abzugießen.

5. Nacheinander darf nun jedes Kind einmal ausprobieren, wie es klingt, wenn der Reihe nach (von hoch nach tief oder andersherum) in die Flaschen geblasen bzw. an die Flaschen geklopft wird. Dann darf frei mit den Tönen experimentiert werden.

Varianten:

1. Eine schöne Übung zur Schulung des Gehörs ist es, wenn den Kindern die Augen verbunden werden. Die Erzieherin pustet bzw. schlägt jeweils zwei Töne nacheinander an und die Kinder müssen sagen, welcher Ton tiefer und welcher Ton höher war.

2. Statt mit Flaschen lässt sich das Angebot auch mit Gläsern mit dünnen Rändern (z. B. Weingläsern) durchführen. Die Kinder können dadurch Töne erzeugen, dass sie mit einem befeuchteten Finger über die Ränder reiben. Dies ist jedoch wegen der Gefahr des Zerbrechens der Gläser bzw. der erhöhten Anforderung an die Motorik nur für ältere Kinder geeignet.

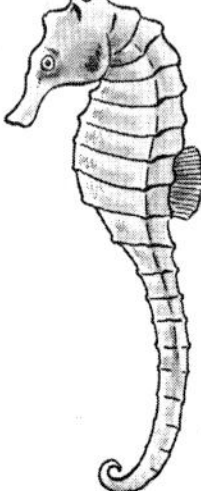

Muschelketten (ab 3 Jahren)

Material:
viele Muscheln, 1 Handbohrer, evtl. Perlen, mehrere Schalen, Kordel, 1 Schere

Vorbereitung:
Damit die Kinder die Muscheln auf ihre Kette fädeln können, müssen Sie in diese vorab mit dem Handbohrer Löcher bohren. Je nach Art bzw. Farbe der Muscheln und Perlen können Sie diese sortieren und den Kindern in unterschiedlichen Schalen bereitstellen.

Arbeitsanleitung:
1. Für jedes Kind wird ein passendes Stück Kordel abgeschnitten. An einem Ende wird ein dicker Knoten gemacht.
2. Nun fädeln die Kinder die Muscheln auf. Wenn Perlen verwendet werden, sieht es besonders schön aus, wenn die Kinder diese in regelmäßigen Abständen auffädeln. Auf eine Muschel folgen dann zum Beispiel immer drei Perlen. So lässt sich auch das mathematische Verständnis der Kinder schulen.
3. Zum Schluss wird jedem Kind seine Kette um den Hals gebunden.

Variante:
Wenn sehr viele Muscheln zur Verfügung stehen, können die Kinder auch eine oder mehrere lange Muschelketten als Deko für den Gruppenraum basteln.

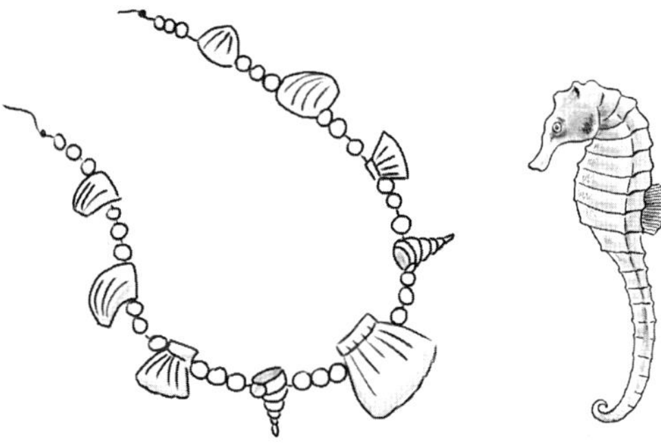

Malen mit Sand (ab 3 Jahren)

Material:
leere Joghurtbecher, 1 Prickelnadel, Tonpapier, Kleister, dicke Pinsel, Sand (z. B. Vogelsand aus einem Tiergeschäft oder Spielsand aus dem Baumarkt), evtl. Lebensmittel- oder Fingerfarben

Arbeitsanleitung:
1. In die Böden der leeren Joghurtbecher wird mit der Prickelnadel jeweils ein Loch gestochen.
2. Jedes Kind erhält einen Bogen Tonpapier, den es mit Kleister bestreicht.
3. Anschließend werden die Joghurtbecher bis zur Hälfte mit Sand gefüllt. Vorsicht: Damit der Sand beim Einfüllen nicht herausläuft, müssen die Kinder die Löcher mit einem Finger zuhalten!
4. Nun kann das Malen beginnen: Die Kinder lassen die Joghurtbecher über ihrem Tonpapier kreisen und versuchen, ganz nach Belieben, Formen und Muster zu malen.
   Wenn der Sand nicht ausreicht, kann noch einmal etwas Sand in die Becher nachgefüllt werden. Erfahrungsgemäß sind die Bilder jedoch sehr schnell mit viel Sand bedeckt – um dies zu verhindern, sollte erst einmal weniger Sand an die Kinder ausgegeben werden.
   Die Bilder müssen gut trocknen. Anschließend werden sie im Freien ausgeschüttelt, sodass der überflüssige Sand abfällt.

BVK • Teresa Zabori: Kita aktiv „Projektmappe Meer“

Variante:
Wenn Sie den Sand einfärben (z. B. mit Lebensmittel- oder Fingerfarben), können die Kinder mit verschiedenen Farben experimentieren.

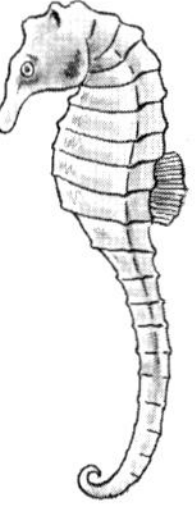

Viele bunte Kugelfische (ab 3 Jahren)

Material:
buntes Transparentpapier, einige kleine Schüsseln, Kopiervorlage „Viele bunte Kugelfische“ (s. S. 17), Tonpapier, Luftballons, Kleister, Pinsel, weißes Papier, Bleistift, schwarzer Filzstift, Scheren, Kleber, Fäden

Vorbereitung:
Das Transparentpapier wird in viele kleine Stücke gerissen.
Jede Farbe wird in einer separaten Schüssel aufbewahrt.
Die Flossen (s. Kopiervorlage S. 17) werden auf Tonpapier kopiert.

Arbeitsanleitung:

1. Blasen Sie zusammen mit den Kindern die Luftballons auf.

2. Die Luftballons werden nun mit Kleister bestrichen. Anschließend werden die Transparentpapierschnipsel daraufgeklebt. Ist der Ballon ganz bedeckt, wird eine weitere Schicht Kleister aufgetragen und beklebt. Wichtig ist, dass die Kinder genügend Schichten auftragen, damit die Fische nachher stabil sind.

3. Dann muss der Kleister ein bis zwei Tage an einem warmen Ort trocknen.

4. Die Flossen werden ausgeschnitten und unten, hinten und an den Seiten an die Fische geklebt.

5. Für die Augen werden zwei Kreise auf weißes Papier gezeichnet und ausgeschnitten. In jeden Kreis wird eine schwarze Pupille gemalt. Anschließend werden die Augen auf den Fisch geklebt.

6. Für die Fischmäuler wird jeweils ein Streifen Transparentpapier zu einer „Wurst“ gedreht, mit Kleister bestrichen und in „O“-Form als Mund auf den Fisch geklebt.

Fertig sind die Kugelfische! An einem Faden aufgehängt, sind sie eine schöne Deko für den Gruppenraum.

Hinweis:
Die Kugelfische können auch als Laternen zu Sankt Martin gebastelt werden. Dazu lässt man am oberen Ende des Luftballons eine runde Öffnung frei. Links und rechts der Öffnung wird ein Draht befestigt, an dem die Laterne aufgehängt wird.

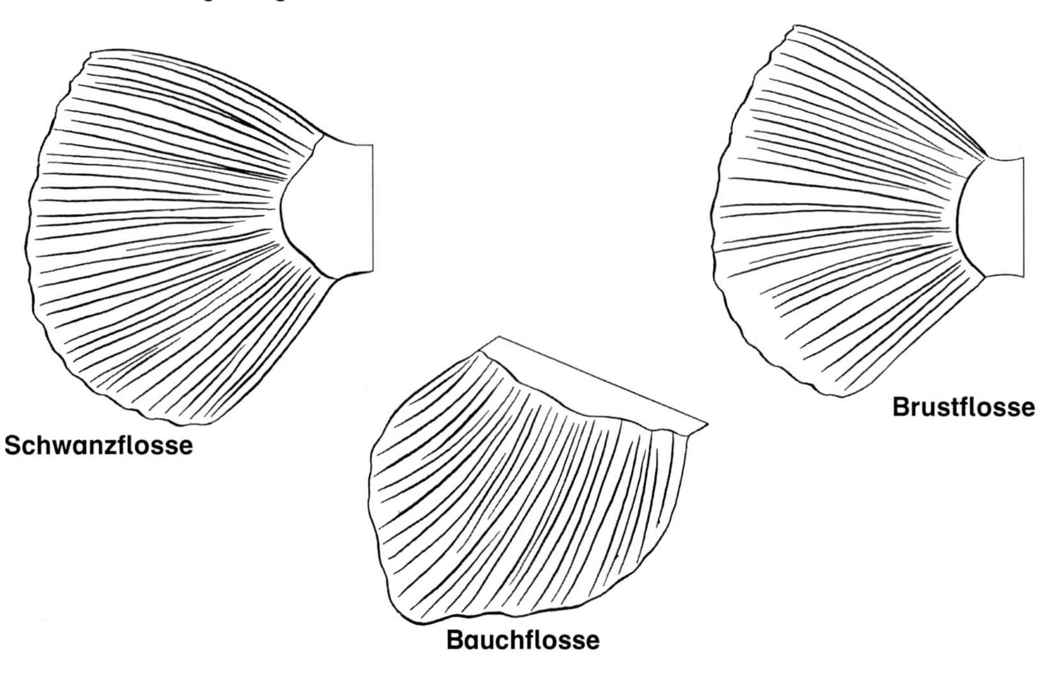

Kopiervorlage „Viele bunte Kugelfische“

Bauchflosse

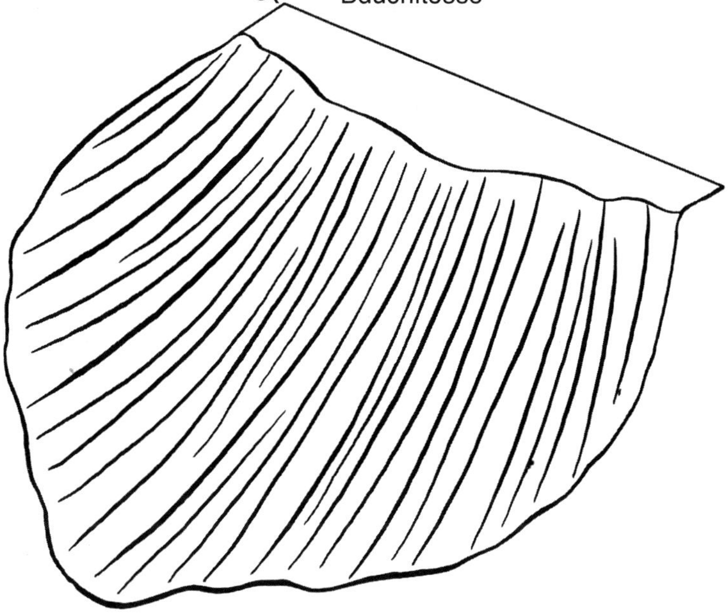

Schwanzflosse

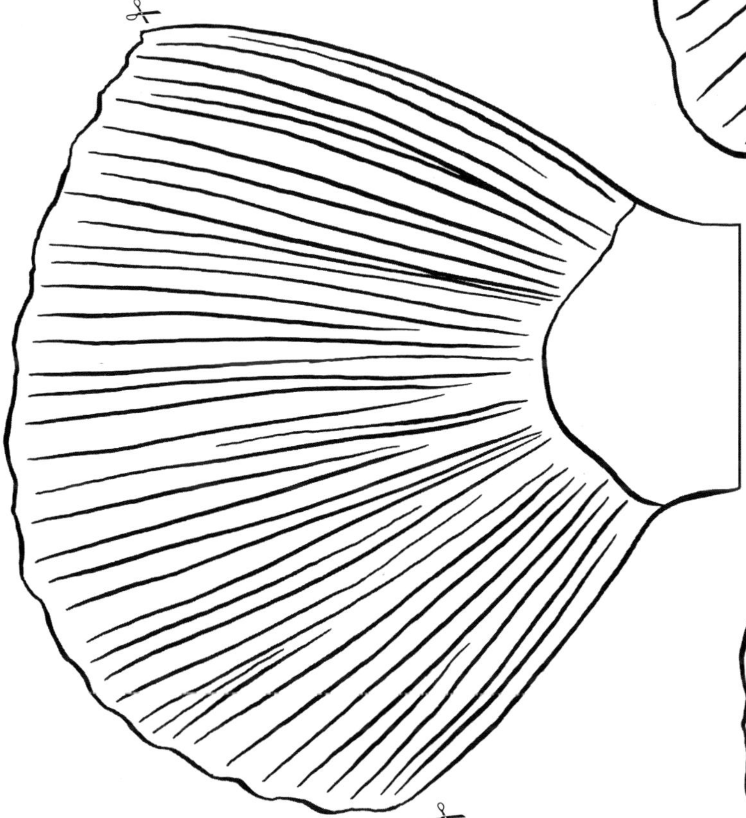

Brustflosse

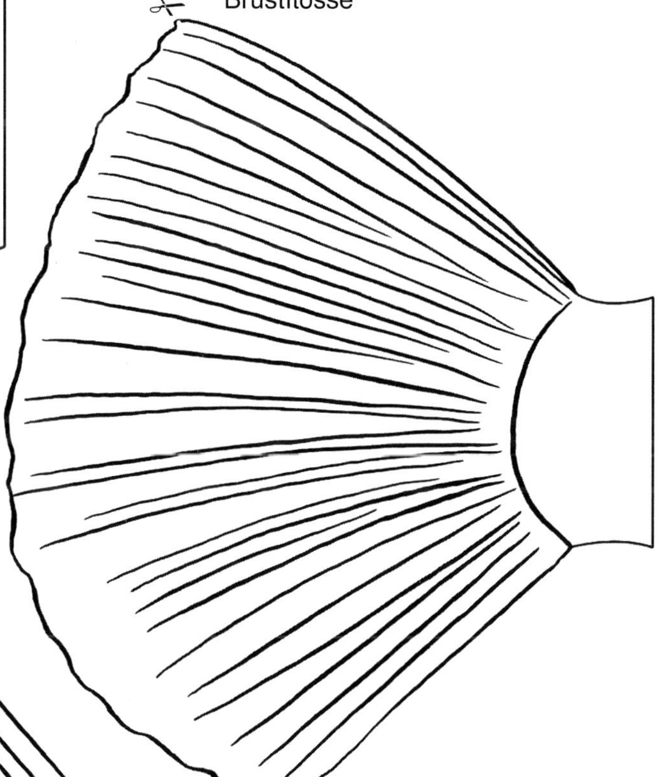

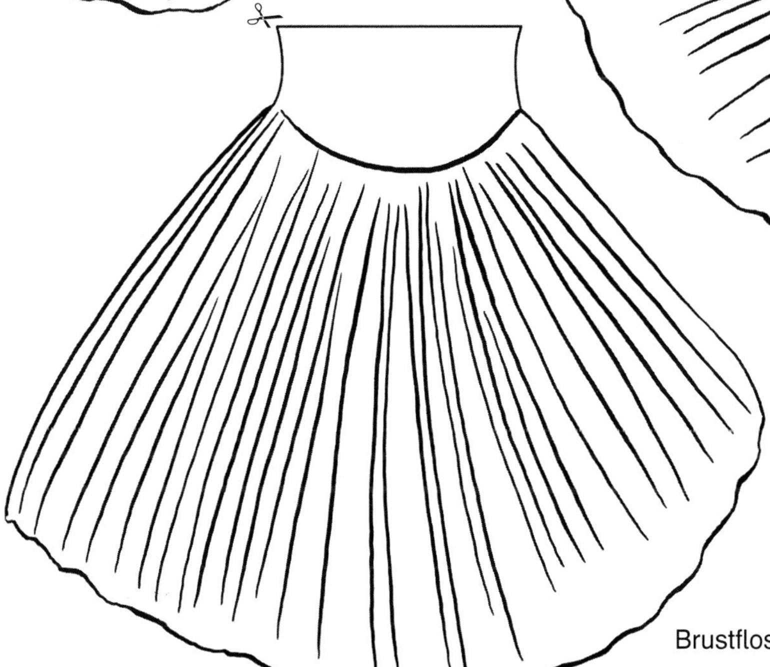

Brustflosse

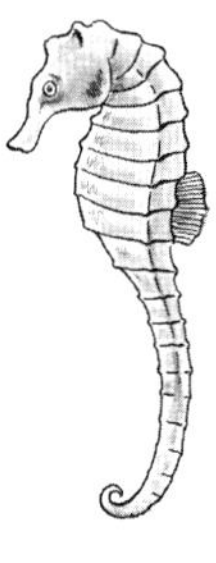

Wir basteln Quallen (ab 2 Jahren)

Material:
Luftballons, Krepppapier, Scheren, durchsichtiges Klebeband, 1 wasserfester Stift

Arbeitsanleitung:
1. Blasen Sie zusammen mit den Kindern die Luftballons auf.
2. Das Krepppapier wird in viele lange Streifen geschnitten. Helfen Sie den jüngeren Kindern dabei.
3. Die Streifen werden mit durchsichtigem Klebeband unten an den Luftballons befestigt.
4. Dann werden auf die Luftballons noch Gesichter gemalt.

Fertig sind die Quallen!

Ein Aquarium im Schuhkarton (ab 4 Jahren)

Material:
Kopiervorlage „Ein Aquarium im Schuhkarton“ (S. 19), weißes Tonpapier, 1 Schuhkarton pro Kind, Wasserfarben, Pinsel, Becher, Malkittel, Buntstifte, Scheren, Kleister, feiner Sand, evtl. Muscheln oder Steine, durchsichtiges Klebeband, Faden, Unterlagen

Vorbereitung:
Die Kopiervorlagen werden mehrfach auf weißes Tonpapier kopiert, sodass die Kinder sich die Meerestiere frei aussuchen können.

Arbeitsanleitung:
1. Die Kinder malen die Schuhkartons innen und außen blau an.
2. Während die Farbe trocknet, suchen sich die Kinder einige Motive aus, malen diese mit den Buntstiften an und schneiden sie aus.
3. Wenn die blaue Farbe im Schuhkarton getrocknet ist, können in den Hintergrund grüne Wasserpflanzen gemalt werden.
4. Anschließend wird der Boden mit Kleister bestrichen und feiner Sand daraufgestreut. Auf den „Meeresboden“ können auch einige Muscheln oder Steine geklebt werden.
5. Nun werden die Fische & Co. im Aquarium befestigt. Dazu werden zunächst Fäden in passender Länge zurechtgeschnitten und mit durchsichtigem Klebeband auf die Rückseite der Bilder geklebt. Anschließend werden alle schwimmenden Meeresbewohner an der „Decke“ aufgehängt.

BVK • Teresa Zabori: Kita aktiv „Projektmappe Meer“

Hinweis:
Kinder, die schon gut malen können, können selbst Fische, Seesterne u. Ä. für das Aquarium gestalten.

Kopiervorlage „Ein Aquarium im Schuhkarton“

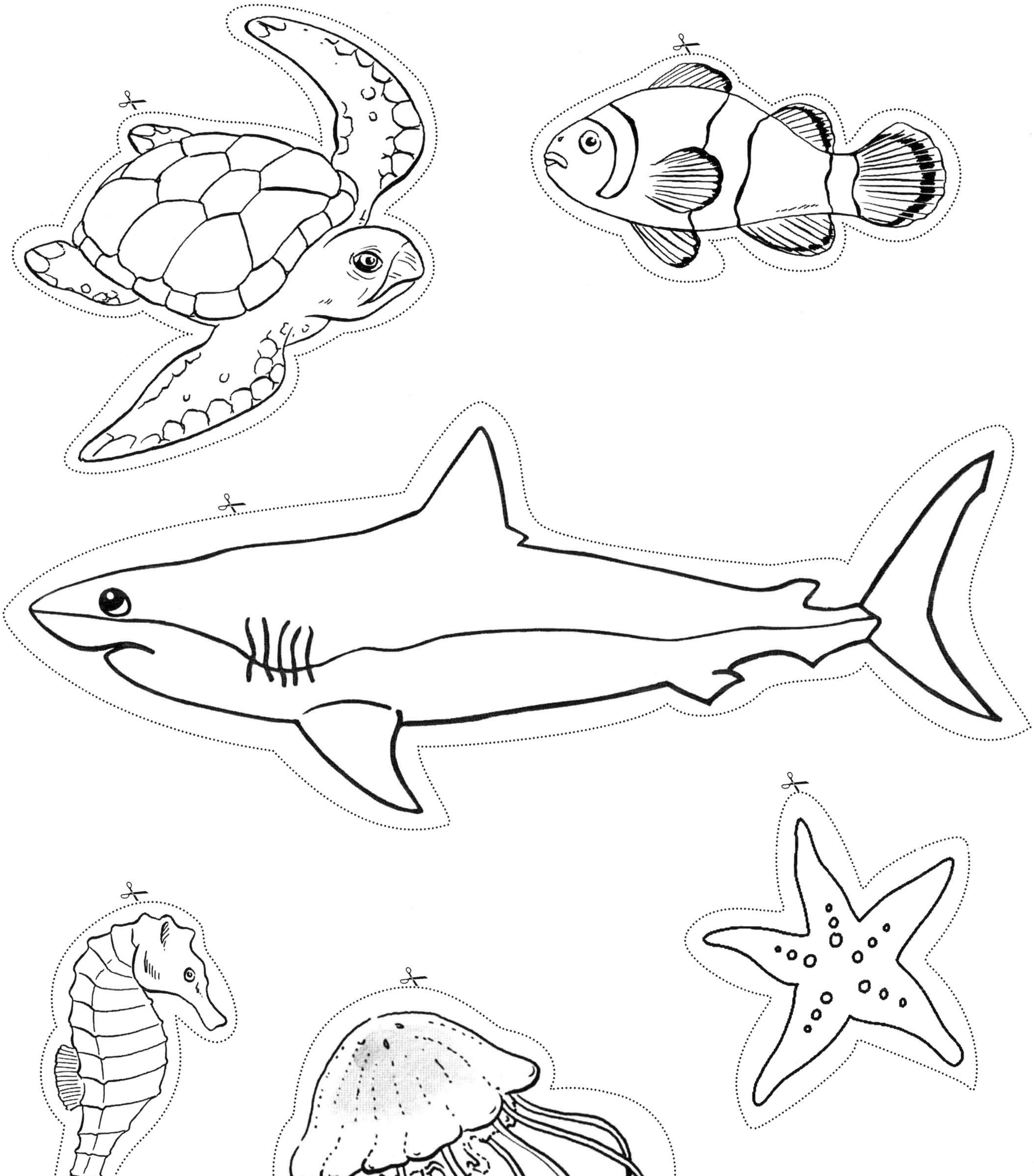

Was brauchst du am Meer? (ab 3 Jahren)

Male alle Dinge, die du am Meer brauchst, bunt an.
Streiche die falschen Dinge durch.

Wir lernen Meerestiere kennen (ab 2 Jahren)

Bestimmt wissen die Kinder schon vor Beginn des Projektes einiges über Fische & Co. Manche Kinder kennen sie aus dem Zoo, andere aus einem Gartenteich und manche besitzen vielleicht sogar ein Aquarium zu Hause.
Dieses Wissen soll nun gemeinsam gesammelt, präzisiert und erweitert werden.

Bilder von Meerestieren

Nehmen Sie die Bilder aus der Kopiervorlage „Meerestiere“ (s. S. 9) oder besorgen Sie einige farbige Bilder von Fischen & Co. aus dem Internet (z. B. bei *www.wikipedia.de)* und legen Sie diese in die Mitte des Sitzkreises.
Jedes Kind sucht sich ein Bild aus.
Reihum stellt nun jedes Kind „seinen“ Meeresbewohner vor: Es beschreibt, wie er aussieht, zum Beispiel die Körperform, welche Farbe er hat, ob er rund oder länglich ist etc. Anschließend ergänzen die anderen Kinder die Beschreibung. Die Erzieherin kann dann den Kindern einige Besonderheiten über die Tiere verraten. Hintergrundinformationen zu Heringen, Quallen, Seepferdchen, Haien, Blauwalen und Delfinen finden Sie auf den Seiten 22–24.

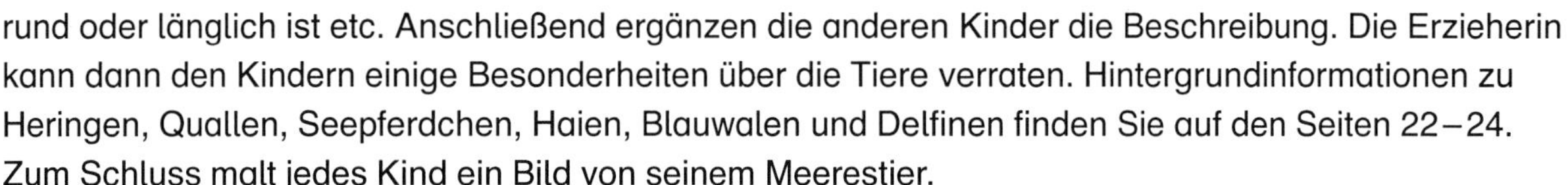

Zum Schluss malt jedes Kind ein Bild von seinem Meerestier.
Die Bilder können, nach Arten sortiert, in den Gruppenraum gehängt werden.

Varianten:
Alternativ können Sie Bilder von Fischen oder anderen Meerestieren auch mit dem Beamer an die Wand strahlen. Dies ist in der Regel noch eindrucksvoller, da die Bilder größer sind und die Kinder noch bessere Eindrücke vom Leben im Meer erhalten. Die Betrachtung und Beschreibung erfolgt hierbei durch alle Kinder gemeinsam in der Gruppe.
Zum besseren Kennenlernen unterschiedlicher Meerestiere können auch kurze Filmsequenzen, zum Beispiel von *www.youtube.com,* gezeigt werden.

Stofftier-Fische

Anhand eines Stofftier-Fisches kann man den Kindern gut einige anatomische Dinge verdeutlichen. Je nachdem, welches Stofftier Sie auswählen (natürlich müssen es nicht unbedingt Fische sein; es kann sich auch um Wale oder Delfine o. Ä. handeln), können Sie den Kindern zum Beispiel die folgenden Fragen stellen:

- Wie heißt dieser Fisch bzw. dieses Tier?
- Welche Farbe(n) hat er?
- Womit kann der Fisch schwimmen?
- Wie viele Flossen hat der Fisch?
- Braucht der Fisch Luft zum Atmen? (ja)
- Muss ein Fisch jedes Mal an die Wasseroberfläche schwimmen, wenn er Luft holen muss? (nein, es befindet sich auch „Luft“ (d. h. Sauerstoff) im Wasser)

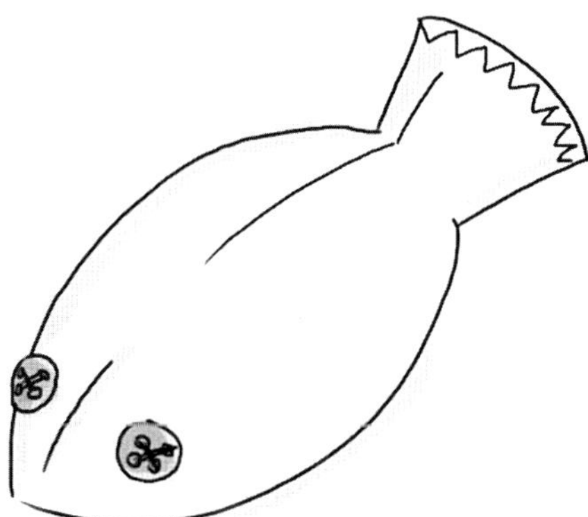

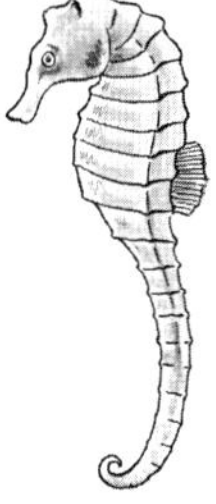

Heringe

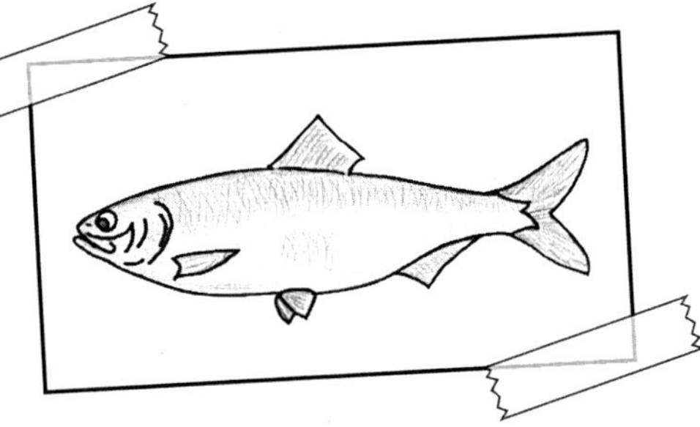

Hintergrundinformationen
Heringe kommen in allen Ozeanen der Erde vor.
Eine der bekanntesten Arten ist der Atlantische Hering, der im Nordatlantik sowie in der Nord- und Ostsee weit verbreitet ist.[1]

Heringe leben in riesigen Schwärmen und befinden sich immer in Bewegung. Die meisten Tiere erreichen eine Größe von 30 bis 45 Zentimetern und wiegen bis zu 1 Kilogramm. Ihr Rücken ist in dunklen Blau-, Grau- oder Grüntönen gefärbt, während die Seiten und der Bauch silbrig schimmern.

Heringe ernähren sich hauptsächlich von Plankton. Zur Laichzeit legen die Weibchen bis zu 50 000 Eier, die von den Männchen im Wasser befruchtet werden. Anschließend sinken die Eier zum Meeresgrund und bleiben an Steinen und Pflanzen kleben, wo sie einen dichten Schleimteppich bilden. Nach etwa zwei Wochen schlüpfen die Larven. Diese ernähren sich erst von ihrem Dottersack und später von Plankton. Nach und nach bilden sich bei den Larven die unterschiedlichen Flossen aus und schließlich auch Schuppen.

[1] *Die folgenden Angaben beziehen sich allesamt auf den Atlantischen Hering.*

Quallen

Hintergrundinformationen
Ob gelb, rot, bläulich oder violett: Quallen leuchten in vielen unterschiedlichen Farben. Schon seit rund 670 Millionen Jahren bevölkern sie unsere Ozeane.
Ihr Körperbau ist einzigartig: Quallen bestehen aus nur zwei Zellschichten, zwischen denen sich eine gelartige Masse befindet. In einer Öffnung liegt ein Magenhohlraum, in dem die Nahrung verdaut wird. Mit Hilfe von Sinneszellen an der äußeren Zellschicht können Quallen Lichtreize wahrnehmen und sich an der Schwerkraft orientieren. Ein Gehirn besitzen sie nicht.

An den Fangarmen befinden sich Kapseln, aus denen die Quallen mit einer Art Nadel ein Gift in ihre Beute spritzen können. Damit betäuben sie ihre Beutetiere wie zum Beispiel kleine Krebstiere oder Fische. Alle Quallen sind giftig, aber nur wenige sind für den Menschen gefährlich.
Bei vielen Quallenarten findet die Befruchtung der Eier im Wasser statt. Männliche Spermien treffen auf weibliche Eizellen und sinken zu Boden. Aus den Eiern schlüpfen kleine Larven, die sich am Boden festsetzen und Polypen bilden. Aus den Polypen entwickeln sich kleine Quallen, die sich mit der Zeit vom Polypen ablösen. Während die Qualle davonschwimmt, bleibt der Polyp am Boden haften.

BVK • Teresa Zabori: Kita aktiv „Projektmappe Meer“

Seepferdchen

Hintergrundinformationen
Der Kopf des Seepferdchens ähnelt dem eines Pferdes, das Hinterteil ist ein dünner Schwanz. Trotzdem gehören sie zu den Fischen!

Die durchschnittlich 13 bis 14 Zentimeter großen Tiere leben nur in strömungsarmen Meeren. Damit sie nicht von der Meeresströmung abgetrieben werden, halten sie sich mit ihrem Schwanz am Seegras fest. Durch ihr breites Maul saugen sie Plankton, Krebstiere, Fischlarven und Wasserflöhe auf.

Anders als viele andere Fische schwimmen Seepferdchen nicht waagerecht, sondern aufrecht. Mit ihren kleinen Flossen am Rücken und an der Brust können sie sich vorwärts, aber auch nach oben, unten oder zur Seite bewegen. Wenn sie eine Flosse verlieren, wächst diese innerhalb von zwei Wochen nach.

Zur Fortpflanzung legen Seepferdchen Eier. Diese werden allerdings nicht vom Weibchen, sondern vielmehr vom Männchen ausgetragen. Wenn sie sich einmal gefunden haben, bleiben Seepferdchen-Paare ihr ganzes Leben lang zusammen.

Seepferdchen können übrigens wie ein Chamäleon ihre Farbe verändern, um sich vor Feinden zu tarnen!

Haie

Hintergrundinformationen
Haie gehören zu den Knorpelfischen und sind in allen Ozeanen der Erde verbreitet. Sie halten sich oft an den Küsten auf, da sie dort viel Nahrung finden, wie zum Beispiel Fische oder andere größere Meerestiere. Beeindruckend ist das Gebiss der Raubfische: Die Zähne wachsen dicht in mehreren Reihen hintereinander und immer wieder nach. Wenn ein Zahn abbricht, rückt ein neuer Zahn nach.

Haie haben sieben Sinne. Besonders ausgeprägt ist ihr Geruchssinn. Sie können Beutetiere schon über mehrere hundert Meter weit wittern. Darüber hinaus verfügen sie über Elektrosensoren, mit denen sie elektrische Felder, die durch den Herzschlag, das Gehirn oder Muskelbewegungen von anderen Tieren erzeugt werden, wahrnehmen können.

Einige Haiarten legen Eier. Bei den meisten jedoch schlüpfen die Jungen schon in der Gebärmutter und werden lebend geboren.
Haie gelten oft als „gefährliche“ Tiere. Allerdings sind die meisten Haiarten eher vorsichtig und scheu. Zu Angriffen auf Menschen kommt es selten, denn der Mensch passt nicht in ihr Beuteschema.

BVK • Teresa Zabori: Kita aktiv „Projektmappe Meer“

Blauwale

Hintergrundinformationen

Blauwale sind die größten und schwersten Tiere der Erde: Sie erreichen eine Länge von bis zu 33 Metern und können annähernd 200 Tonnen wiegen.
Die riesigen Tiere sind Einzelgänger. Sie besitzen einen dunklen, blaugrau gefärbten Körper und sind in allen Ozeanen der Erde verbreitet. Allerdings leben sie nicht an einem Ort, sondern wandern während der Jahreszeiten. Den Winter verbringen sie in warmen, subtropischen Gewässern, wo sie ihre Jungen zur Welt bringen. Im Sommer schwimmen sie in polare Gebiete, wo sie große Planktonschwärme als Nahrung vorfinden. Bevorzugt ernähren sich Blauwale von Krill: kleinen, garnelenförmigen Krebstieren, die riesige Schwärme bilden. Mit ihren langen Barten, die wie ein Sieb wirken, filtern die Wale den Krill aus dem Wasser heraus. Dabei wird das aufgenommene Wasser durch die Hornplatten aus dem Maul hinausgepresst, während der Krill an ihnen hängenbleibt.
Von weitem sind Blauwale schon gut an ihrem hohen Blas zu erkennen. Das ist der ausgeblasene Luftstrom, der beim Ausatmen kondensiert und als Fontäne hoch in die Luft schießt.
Früher wurden Blauwale intensiv gejagt, heute ist die Jagd auf sie verboten. Dennoch sind sie durch Lärm, Meeresverschmutzung und auch Kollisionen mit Schiffen gefährdet und vom Aussterben bedroht. Während es 1920 noch 220 000 Blauwale gab, wird der derzeitige Bestand auf 10 000–20 000 Tiere geschätzt.

Delfine

Hintergrundinformationen

Delfine gehören zu den Walen und sind Säugetiere. Sie kommen in allen Meeren der Welt vor. Beim Schwimmen erreichen sie Geschwindigkeiten von bis zu 55 km / h. Oft tauchen sie dabei in spektakulären Sprüngen aus dem Wasser auf.
Delfine leben in großen Gruppen, sogenannten „Schulen“, zusammen. Die Tiere haben ein sehr ausgeprägtes Kommunikationsverhalten: Sie verständigen sich durch Pfeifen, Schnattern, Klicklaute und andere Geräusche miteinander, aber auch durch ihre Sprünge und gegenseitigen Körperkontakt.
Delfine sind Räuber und jagen mit Hilfe von Echoortung. Dabei stoßen sie hochfrequente Ultraschallsignale aus und lokalisieren durch die zurückgeworfenen Ultraschallwellen ihre Beute. Sie ernähren sich von Fischen, Krebsen, Tintenfischen und anderen Meerestieren.
Wie auch andere Wale müssen sie regelmäßig aus dem Wasser auftauchen, um Luft zu holen. Diese wird aus dem Blasloch in der Schädeldecke ein- und ausgeatmet.
Delfine können bis zu einer Viertelstunde lang unter Wasser bleiben und bis in 300 Meter Tief tauchen.
Wenn sie schlafen, bleibt eine ihrer beiden Gehirnhälften immer wach, während die andere schläft. Auch ein Auge der Tiere ist beim Schlafen immer geöffnet, so können sie Feinde gut bemerken.

BVK • Teresa Zabori: Kita aktiv „Projektmappe Meer“

Was gehört nicht an den Strand? (ab 3 Jahren)

Streiche alle 8 Dinge durch, die nicht hierhin gehören.

Male das Bild dann bunt an.

Experimente mit Salzwasser (1)

Meerwasser und normales Wasser (ab 3 Jahren)

Material:
1 durchsichtiger Behälter (z. B. 1 Glas oder 1 kleine Glasschüssel), Wasser, Salz (evtl. Salzstreuer und / oder -mühlen), 1 Löffel, 1 Cocktailtomate

Arbeitsanleitung:
Das Glas wird bis zu zwei Dritteln mit Wasser gefüllt. Die Tomate wird hingegeben. Die Kinder beobachten, wie die Tomate in dem Glas zu Boden sinkt.
Nun geben die Kinder mit dem Löffel, den Salzstreuern und / oder Salzmühlen so lange Salz hinzu, bis die Tomate schwimmt.

Erklärung für die Kinder:
Die Tomate kann in dem normalen Wasser nicht schwimmen, weil sie zu schwer ist. Wenn man Salz hinzugibt, wie es sich im Meerwasser befindet, wird das Wasser dichter und somit auch stärker. Deshalb kann die Tomate nun schwimmen.

Hintergrundwissen:
Mit dem hinzugegebenen Salz nimmt die Dichte des Wassers zu. Ist die Dichte des Wassers größer als die der Tomate, schwimmt die Tomate im Wasser.

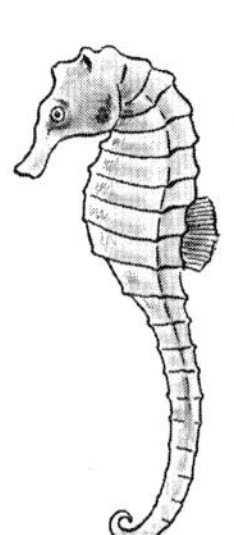

Hinweis:
Das Experiment funktioniert auch mit vielen anderen Lebensmitteln wie zum Beispiel rohen Eiern, Birnen, Linsen oder Reis.

Experimente mit Salzwasser (2)

Wir lassen Salzwasser verdunsten (ab 3 Jahren)

Material:
Wasser, Salz (evtl. Salzstreuer oder -mühlen), Löffel, 1 oder mehrere durchsichtige Behälter (z. B. Gläser oder kleine Glasschüsseln)

Arbeitsanleitung:
1. Das Wasser wird in die Behälter gefüllt. Nun streuen die Kinder mit einem Löffel etwa fünf Teelöffel Salz hinein.
   Wichtig: Es muss wirklich viel Salz sein, damit sich ein entsprechendes Ergebnis beobachten lässt.
2. Das Gemisch wird gut verrührt. Anschließend werden die Behälter auf eine warme Heizung oder in die Sonne gestellt.
3. Die Kinder können nun über mehrere Tage beobachten, wie immer mehr Wasser verdunstet und das Salz auskristallisiert. Zuletzt ist nur noch das Salz vorhanden. Um zu überprüfen, ob es sich wirklich um Salz handelt, können die Kinder vorsichtig probieren.

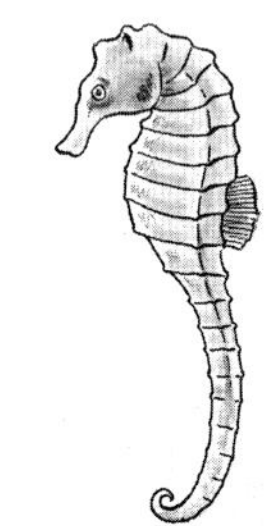

Variante:
Beim Verdunsten des Salzwassers lassen sich auch sehr schöne Salzkristalle züchten. Dazu wird ein Bindfaden in das Salzwasser gehängt, an dem das Salz auskristallisiert.

BVK • Teresa Zabori: Kita aktiv „Projektmappe Meer“

Experimente zum Schwimmen und Sinken (1)

Was schwimmt, was sinkt? (ab 3 Jahren)

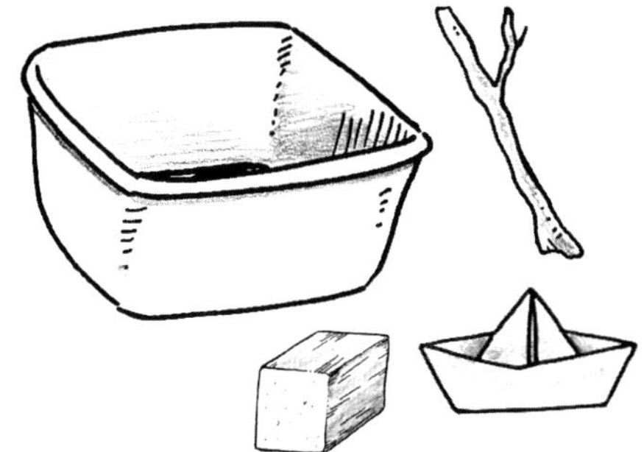

Material:
1 große Schüssel, Wasser, verschiedene Gegenstände (z. B. Holzstöckchen, 1 Stück Styropor®, 1 Spielzeugauto, Bauklötze, 1 kleiner aufgeblasener Luftballon, Papierschiffchen, Korken, Steine)

Arbeitsanleitung:
Die Schüssel wird mit Wasser gefüllt.
Jedes Kind erhält einen anderen Gegenstand. Ehe es diesen auf die Wasseroberfläche setzt, sollen die Kinder ihre Vermutungen abgeben, ob der Gegenstand schwimmt oder nicht. Anschließend beobachten die Kinder das Schwimmen bzw. Sinken. Dann wird der Gegenstand wieder aus dem Wasser herausgefischt. Die gesunkenen bzw. schwimmenden Gegenstände werden in zwei Gruppen sortiert.

Variante:
Bei schönem Wetter können die Kinder dieses Experiment auch gut im Freien durchführen. Anstatt ihnen ausgewählte Materialien bereitzustellen, kann man die Kinder auch selbst Gegenstände sammeln lassen (z. B. Steine, Gras, Federn, kleine Holzstücke), die auf ihre „Schwimmtauglichkeit" hin geprüft werden.

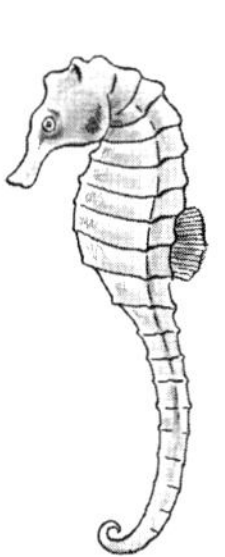

Experimente zum Schwimmen und Sinken (2)

Warum können Schiffe schwimmen? (ab 4 Jahren)

Material:
Knete, 1 große Schüssel, Wasser, Modellierstäbe

Arbeitsanleitung:
1. Jedes Kind erhält ein Stück Knete. Daraus formt es ein kleines Schiff.
2. Nun wird die Schüssel mit Wasser gefüllt. Die Kinder setzen ihre Schiffchen auf die Wasseroberfläche und probieren aus, ob sie schwimmen. Dabei werden sie beobachten, dass die Schiffe meist zu Boden sinken.
3. Nun höhlen die Kinder ihre Schiffe mit den Modellierstäben aus.
4. Anschließend werden sie erneut auf die Wasseroberfläche gesetzt – welche Schiffe können schwimmen? Woran könnte das liegen?

Erklärung für die Kinder:
Auch schwere Schiffe können auf dem Meer schwimmen – allerdings nur dann, wenn sie innen hohl sind. Die Luft im Inneren der Schiffe macht sie leichter und hilft ihnen beim Schwimmen.

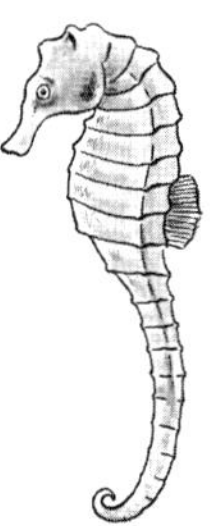

Hintergrundwissen:
Ob Dinge schwimmen oder nicht, hängt davon ab, ob sie leichter sind als die Menge Wasser, die sie verdrängen. Ein massives Schiff sinkt, wenn es schwerer ist als die Menge Wasser, die es verdrängt. Ist das Schiff hingegen leichter als die Menge Wasser, die es verdrängt, schwimmt es.

BVK • Teresa Zabori: Kita aktiv „Projektmappe Meer"

Gesunde Brötchen-Schiffe (ab 2 Jahren)

Zutaten:
(Vollkorn-)Brötchen, Butter oder Margarine, „biegbarer“ Schnittkäse, Belag (z. B. Frischkäse mit Schnittlauch, Schnittkäse, Tomaten, Wurst, Paprika ...)

Arbeitsmittel:
Messer, Brettchen, Zahnstocher

Zubereitung:
1. Die Brötchen werden halbiert und mit Butter oder Margarine bestrichen.
2. Anschließend werden sie belegt.
3. Nun werden die einzelnen Schnittkäsescheiben je nach Größe halbiert oder geviertelt und am oberen und am unteren Ende auf die Zahnstocher gesteckt.
4. Diese „Segel“ werden zum Schluss auf die Brötchen gesetzt.

Fertig sind die Brötchen-Schiffe.

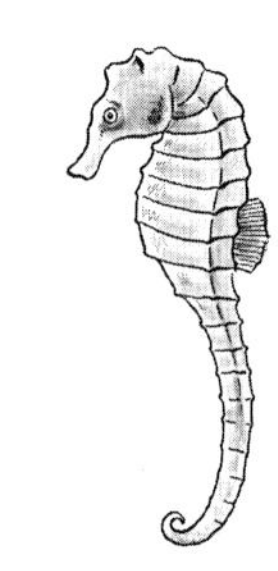

Meerestier-Muffins (für ca. 12 Kinder) (ab 2 Jahren)

Zutaten:
100 g Butter, 100 g Zucker, 1 Päckchen Vanillezucker, 2 Eier, 200 g Mehl, 1 Teelöffel Backpulver, evtl. etwas Milch, Puderzucker, etwas Zitronensaft, Wasser, Zuckerschrift in Tuben (z. B. rot, braun, blau ...)

Arbeitsmittel:
1 große Schüssel, 1 Handrührgerät mit Rührhaken, Papierförmchen für die Muffins, Muffinförmchen, 1 kleine Schüssel, 1 Teelöffel, Pinsel, 1 Backrost

Zubereitung:
1. Die Butter wird mit dem Zucker und dem Vanillezucker schaumig geschlagen. Dann werden die Eier untergerührt. Anschließend wird das Mehl mit dem Backpulver vermischt und ebenfalls verrührt. Wenn der Teig zu fest ist, kann etwas Milch hinzugegeben werden.
2. Dann werden die Papierförmchen in die Muffinförmchen gelegt und zu zwei Dritteln mit Teig gefüllt. Die Muffins werden im Backofen bei 180 °C etwa 20 bis 25 Minuten gebacken.
3. Aus Puderzucker, Wasser und Zitronensaft wird ein Zuckerguss angerührt.
4. Der Zuckerguss wird mit dem Pinsel oben auf die Muffins aufgetragen.
5. Wenn der Zuckerguss getrocknet ist, werden mit Zuckerschrift verschiedene Meerestiere aufgemalt, wie zum Beispiel Seesterne, kleine Fische, Kraken ...

Guten Appetit!

BVK • Teresa Zabori: Kita aktiv „Projektmappe Meer“

Schoko-Fisch-Kuchen (ab 2 Jahren)

Zutaten:
200 g Schokolade, Wasser, 175 g Butter, 150 g Zucker, 3 Eier, 200 g gemahlene Haselnüsse oder Mandeln, 1 Päckchen Backpulver, 1 Päckchen Vanillezucker, 125 g Mehl, etwas Butter (zum Einfetten), 100 g Schokolade (für die Glasur), bunte Schokolinsen

Arbeitsmittel:
1 kleiner Topf, 1 Herd, 1 kleine Schüssel aus Metall, 1 große Schüssel, 1 Handrührgerät mit Rührhaken, 1 Pinsel, Backpapier, 1 runde Springform, 1 Backofen, 1 Messer

Zubereitung:

1. Zuerst wird die Schokolade im Wasserbad geschmolzen.
2. Dann werden die Butter und der Zucker in eine Schüssel gegeben und schaumig gerührt.
3. Nach und nach werden die Eier hinzugefügt und untergerührt.
4. Anschließend werden die gemahlenen Haselnüsse bzw. Mandeln, das Backpulver, der Vanillezucker, die geschmolzene Schokolade und das Mehl hinzugefügt.
5. Der Ofen wird auf 180 °C vorgeheizt.
6. Dann wird die Springform an den Seiten eingefettet und am Boden mit Backpapier ausgelegt.
7. Der Teig kommt nun in die Springform und wird etwa 35 Minuten lang gebacken.
8. Nachdem der Kuchen abgekühlt ist, wird er ggf. geglättet bzw. Erhebungen werden mit dem Messer abgeschnitten, damit er eine ebene Oberfläche erhält. Dann wird der Kuchen umgedreht. (Die untere Seite sollte oben sein.)
9. Vom oberen und vom unteren Rand wird nun jeweils ein sichelförmiges Stück abgeschnitten. Ein Stück bildet die Schwanzflosse, sie wird hinten an den Fisch gelegt. Das andere Stück wird in der Mitte durchgeschnitten und als obere und untere Flosse an den Fisch gefügt.
10. Die Schokolade wird im Wasserbad geschmolzen. Anschließend wird der Fisch mit ihr glasiert und mit bunten Schokolinsen („Schuppen“) verziert.

Guten Appetit!

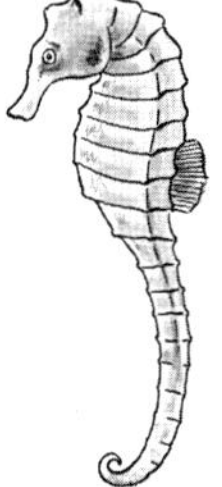

Bilder-Kopiervorlage von Zutaten und Haushaltsgegenständen

Gesunde Brötchen-Schiffe

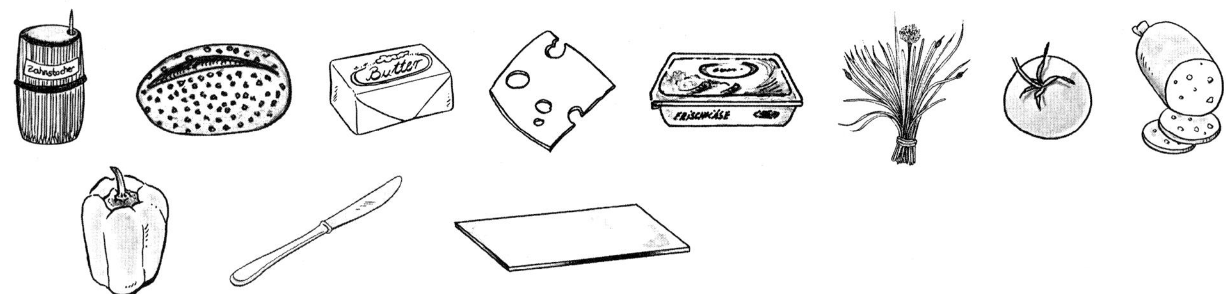

Meerestier-Muffins

Schoko-Fisch-Kuchen

Wie viele Tiere sind es? (ab 4 Jahren)

Wie viele Tiere siehst du?
Zähle die Tiere.
Verbinde sie dann mit der richtigen Zahl.

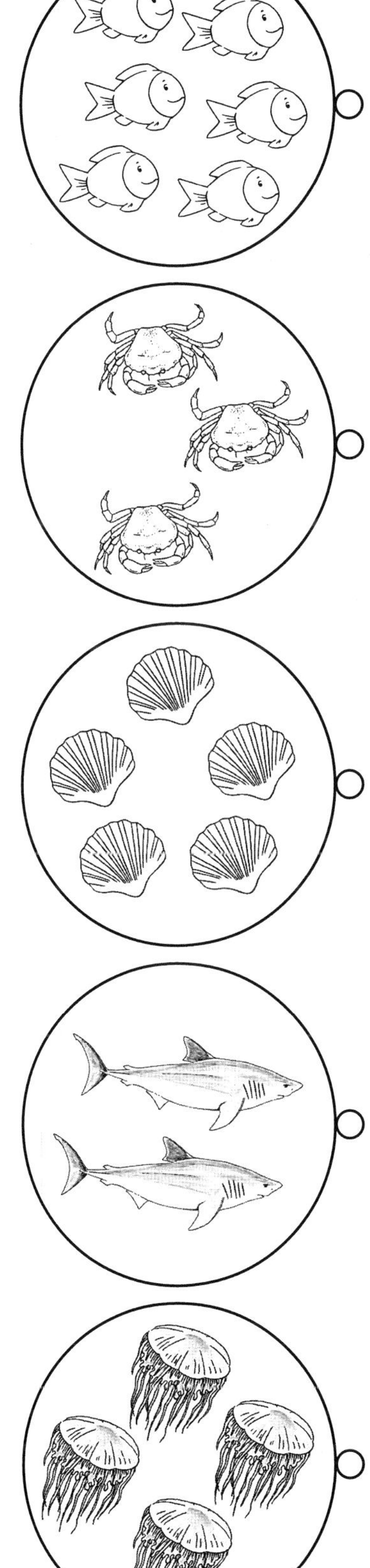

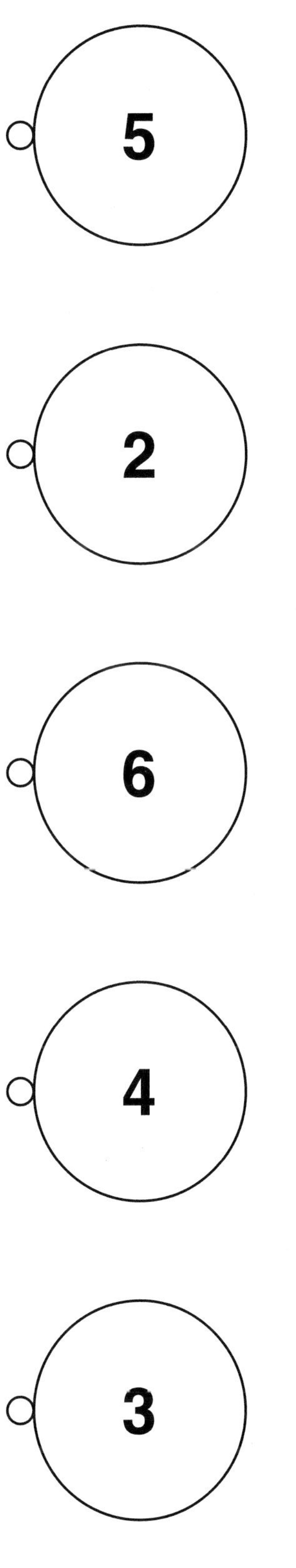

Verbinde die Zahlen (ab 5 Jahren)

Verbinde die Zahlen von 1 bis 14.
Welches Tier kommt dabei heraus?

Male das Bild an.

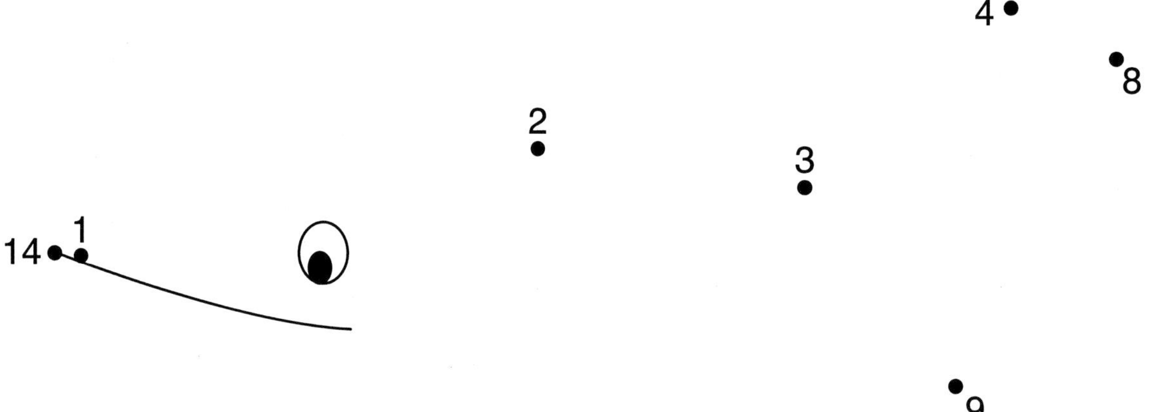

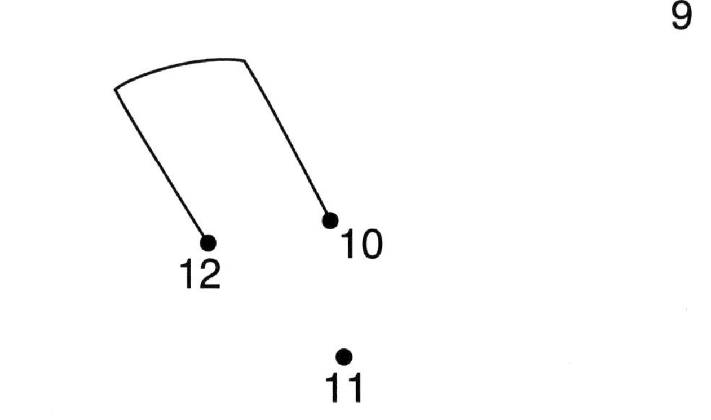

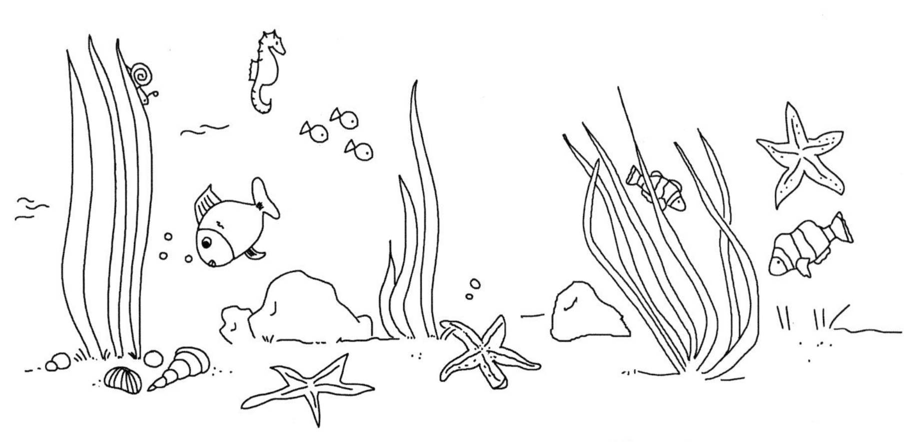

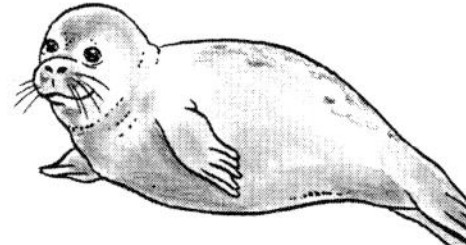

BVK • Teresa Zabori: Kita aktiv „Projektmappe Meer“

Malen nach Zahlen (ab 4 Jahren)

- Male alle Felder mit einer 1 rot.
- Male alle Felder mit einer 2 dunkelblau.
- Male alle Felder mit einer 3 gelb.
- Male alle Felder mit einer 4 hellblau.
- Male alle Felder mit einer 5 grün.
- Male alle Felder mit einer 6 braun.

BVK • Teresa Zabori: Kita aktiv „Projektmappe Meer“

Wie schwer sind die Dinge? (ab 5 Jahren)

Material:
unterschiedliche Materialien aus dem Meer (z. B. Wasser, Sand, Muscheln, Salz, Schwamm etc.), 1 Balkenwaage mit Gewichten, leere Joghurtbecher

Vorbereitung:
Die verschiedenen Materialien werden bis zum unteren Rand in die Joghurtbecher gefüllt.

Arbeitsanleitung:
Die Kinder nehmen die verschiedenen Joghurtbecher in die Hände und schätzen, wie schwer sich diese anfühlen: Ist der Becher mit Sand zum Beispiel schwerer als der Becher mit Wasser? Oder wiegt das Wasser mehr als die Muscheln?
Gemeinsam versuchen die Kinder dann, die Materialien aus dem Meer in die richtige Reihenfolge von leicht bis schwer zu bringen.
Mit Hilfe der Balkenwaage überprüfen sie anschließend, ob jeder Becher an dem passenden Platz steht oder ob einige Materialien getauscht werden müssen.
Zum Schluss können die Kinder mit Hilfe der Waage das Volumen und das Gewicht der Materialien miteinander vergleichen: Wie viel Salz benötigt man, damit es genauso schwer wird wie ein Becher Wasser?

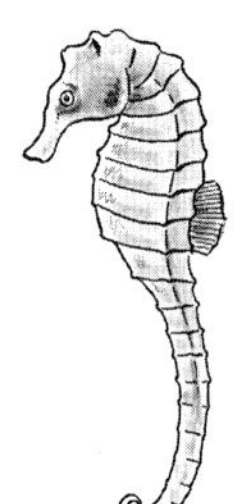

Ein Meeres-Fest (ab 2 Jahren)

Vorbereitung:
- die Einladungskarten (s. S. 35) verteilen
- das Theaterstück „Die kleine Nixe und der Hai“ (s. S. 38/39) einstudieren
- den Raum dekorieren, zum Beispiel mit den gebastelten Quallen (s. S. 18) oder Kugelfischen (s. S. 16)
- die Meerestier-Muffins (s. S. 28) und mehrere Schoko-Fisch-Kuchen (s. S. 29) backen, Brötchen-Schiffe (s. S. 28) bereitstellen
- die Stationen für die Schatzsuche (s. S. 36) aufbauen

Ablauf:
Nach einem gemeinsamen Snack kann das Theaterstück „Die kleine Nixe und der Hai“ (s. S. 38/39) aufgeführt werden. Anschließend können die Kinder auf die Suche nach dem Piratenschatz gehen (s. S. 36).

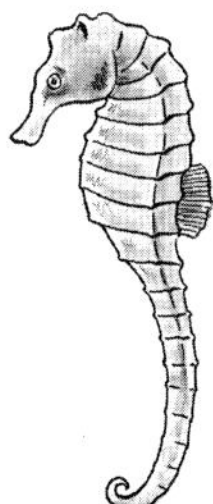

BVK • Teresa Zabori: Kita aktiv „Projektmappe Meer“

Einladung zum Meeres-Fest

Liebe Eltern,

wir haben uns in den letzten Wochen mit dem Thema „Meer" beschäftigt. Zum Abschluss möchten wir dies gerne im Rahmen eines Festes mit Ihnen feiern.

Das Fest findet

am ______________________

um ________ Uhr

in ______________________________ statt.

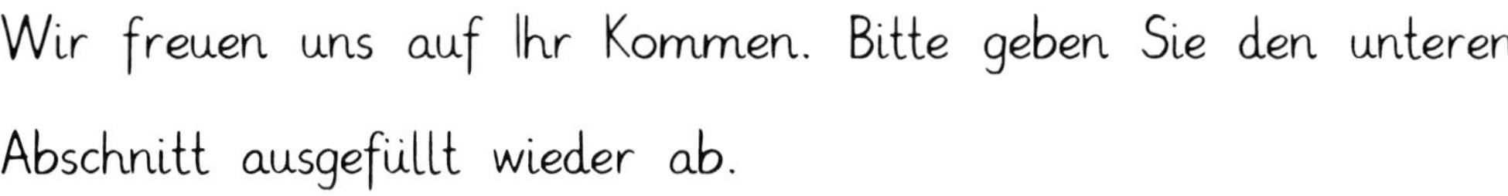

Wir freuen uns auf Ihr Kommen. Bitte geben Sie den unteren Abschnitt ausgefüllt wieder ab.

✂ ....

Name: ______________________________

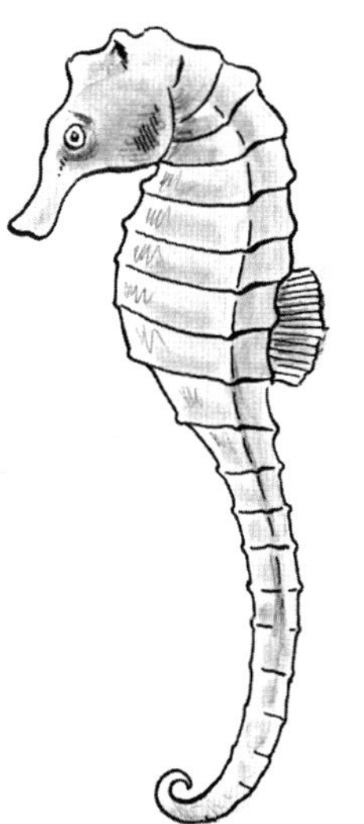

☐ Wir kommen mit ____ Personen.

☐ Wir können leider nicht kommen.

BVK • Teresa Zabori: Kita aktiv „Projektmappe Meer"

Piraten-Schatzsuche (1) (ab 3 Jahren)

Material:
Brief (s. S. 37), 1 Schere, 1 leere Glasflasche mit Korken, 1 Schaufel für jedes Kind, 1 Schatzkiste, 1 Tuch pro Kind, Schminkstifte, Kreide, Aufgabenkarten (s. S. 37), Material für die einzelnen Stationen (s. u.)

Vorbereitung:
1. Der Brief wird kopiert, ausgeschnitten und in die leere Flasche gesteckt. Die Flasche wird mit dem Korken verschlossen. Die Flaschenpost wird an eine unauffällige Stelle im Sandkasten gelegt und evtl. mit ein wenig Sand bedeckt.
2. Mit Kreide werden Pfeile auf den Steinboden aufgezeichnet, die den Weg zu dem Schatz markieren. Unterwegs werden verschiedene Stationen aufgebaut.

Station 1: Zwei Pylonen werden in einigem Abstand (ca. 2–3 Meter) voneinander entfernt aufgestellt.
Station 2: Ein Brett zum Balancieren wird auf den Boden gelegt.
Station 3: Eine Strickleiter wird am Klettergerüst befestigt.
Station 4: Aus leeren Dosen wird ein Turm gebaut, daneben wird ein Tennisball gelegt.
Station 5: Ein Eimer wird mit Wasser gefüllt, daneben wird ein leerer Plastikbecher gelegt. In einiger Entfernung wird ein zweiter leerer Eimer aufgestellt.
Station 6: An einen abgesägten Baumstamm o. Ä. wird ein dickes Seil gebunden. Im Sand wird eine Stelle markiert, bis zu welcher der Baumstamm von den Kindern gezogen werden soll.
Station 7: Eine Wanne wird mit Sand gefüllt, in ihr werden Muggelsteine versteckt. Mehrere Siebe werden danebengelegt.
Station 8: Eine Schatztruhe wird mit einem „Schatz“ (z. B. Goldtalern aus Schokolade) gefüllt. Sie wird an einer versteckten Stelle in einiger Entfernung zur Flasche im Sand vergraben. Die Stelle wird zum Beispiel mit einem Kreuz aus Ästen markiert. Schaufeln für die Kinder werden bereitgestellt.

Durchführung:
1. Die Kinder verkleiden sich als Piraten. Jedem Piraten wird ein Tuch um den Kopf gebunden. Die Kinder können sich gegenseitig mit den Schminkstiften Bärte und gefährlich aussehende Narben malen.
2. Die Fachkraft versammelt die Piraten um sich und erzählt:
   „Nun seid ihr gefährliche Piraten. Wie ihr wisst, gehen Piraten gerne auf Schatzsuche. Aber was brauchen wir, damit wir einen Schatz finden können?
   Richtig, eine Schatzkarte. Ich habe gehört, dass hier im Sandkasten irgendwo eine Schatzkarte sein soll … guckt doch mal, ob ihr etwas Auffälliges entdeckt.“
   Die Piraten durchsuchen den Sand, bis sie die Flasche mit dem Brief finden.
3. Die Kinder bringen die Flaschenpost zur Erzieherin. Sie öffnet die Flasche und liest den Brief vor.
4. Nun beginnt die Schatzsuche. Die Fachkraft geht mit den Kindern von Station zu Station. Sie liest die Aufgaben vor und die Kinder führen diese aus.

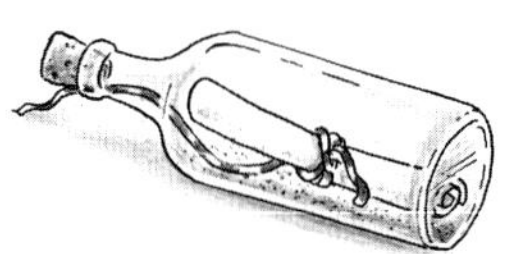

Variante:
Die Stationen können im Rahmen eines Kindergartenfestes natürlich auch aufgebaut werden, ohne dass eine Schatzsuche stattfindet. Dann können die Kinder je nach Interesse die Aufgaben an einzelnen Stationen bewältigen.

Tipp: Damit die Kinder nicht zu lange warten müssen, bis sie zur nächsten Station dürfen, sollte an jeder Station eine Fachkraft stehen. Die Kinder lösen die Aufgaben nacheinander, nur die Suche nach der Schatzkiste findet gemeinsam statt. Es ist auch möglich, dass die Kinder in kleinere Gruppen aufgeteilt werden und dann gruppenweise nacheinander auf Schatzsuche gehen. Allerdings sollte es dann mehrere Schätze geben bzw. die Schatzkiste nach jeder Gruppe wieder aufgefüllt werden.

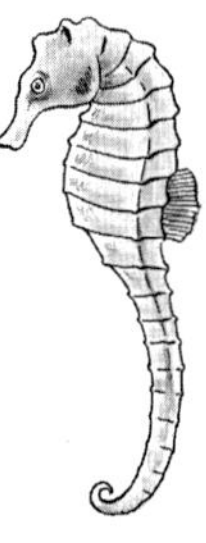

Piraten-Schatzsuche (2) (ab 3 Jahren)

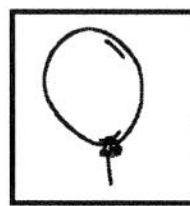

Brief

Ahoi, ihr Landratten!
Ich, Kapitän Kiesewetter, war früher der gefährlichste Pirat auf allen drei Weltmeeren. Ich habe viele Schiffe geentert und große Mengen an Gold und Edelsteinen erbeutet. Diese habe ich auf einer Schatzinsel an einer geheimen Stelle versteckt.

Ihr dürft nun meinen Schatz suchen. Folgt dazu einfach den Pfeilen, sie werden euch zu ihm führen. Aber die Schatzsuche wird nicht einfach, ihr müsst viele Prüfungen bestehen und Gefahren meistern. Viel Glück auf eurer Reise!

Aufgabenkarten

1. Aufgabe

Piraten haben oft ein Holzbein. Hüpft wie ein einbeiniger Pirat von einem Hütchen zum nächsten.

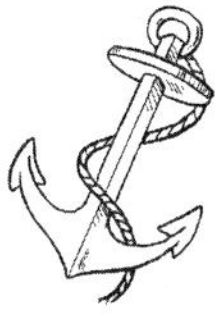

2. Aufgabe

Balanciert wie echte Piraten über die Holzplanke. Schafft ihr es, nicht herunterzufallen?

3. Aufgabe

Vorsicht, ein feindliches Schiff! Klettert die Strickleiter hoch!

4. Aufgabe

Schießt mit der Kanonenkugel.

5. Aufgabe

Das Schiff ist mit Wasser vollgelaufen. Füllt einen Becher mit Wasser, tragt ihn zum anderen Eimer, und gießt das Wasser hinein. Bringt dann dem nächsten Piraten den Becher.

6. Aufgabe

Der Anker ist ganz schön schwer. Schafft ihr es gemeinsam, ihn aus dem Wasser zu ziehen?

7. Aufgabe

Im Sand sind viele Edelsteine versteckt. Könnt ihr sie finden?

8. Aufgabe

Sucht nun nach einem Kreuz aus Ästen. Dort werdet ihr den Schatz finden. Grabt ihn aus und teilt ihn gerecht unter euch auf!

Theaterstück: Die kleine Nixe und der Hai (1) (ab 3 Jahren)

Material:
Schminkstifte, grüne Chiffontücher

Durchführung:
Die einzelnen Rollen (Nixe, Fische, Wasserpflanzen, Hai) werden je nach Alter der Kinder verteilt und die Kinder dementsprechend geschminkt. Eine Erzieherin liest den Text vor, die Kinder machen jeweils das, was über ihre Rollen vorgelesen wird. Die Nixe und der Hai können ihren Text entweder selbst sprechen, oder dieser wird ebenfalls von der Erzieherin vorgegeben.

Erzähler: Es war einmal eine kleine Nixe, die lebte tief unten im Meer. Dort war es sehr schön, viele Wasserpflanzen glitzerten am Meeresgrund und bewegten sich in der Strömung leicht hin und her.

Wasserpflanzen strecken ihre Arme nach oben, schwingen die Chiffontücher hin und her.

Die kleine Nixe liebte es, mit ihren Freunden, den Fischen, zu spielen. Die schwammen immer so lustig zwischen den Wasserpflanzen hin und her.

Kinder laufen zwischen den Wasserpflanzen hin und her, sie machen Schwimmbewegungen.

Am liebsten spielten sie Verstecken: Die Fische versteckten sich hinter den Wasserpflanzen

Fische verstecken sich hinter den Wasserpflanzen.

und die kleine Nixe suchte sie.

Nixe sucht sie.

Aber ganz glücklich war die kleine Nixe nicht. Oft fühlte sie sich ziemlich einsam, denn so gern sie auch mit den vielen bunten Fischen spielte, irgendwie waren die Fische doch anders als sie selbst und sie konnte sich mit ihnen ja auch gar nicht unterhalten. Eines Tages schwamm die Nixe wieder zwischen den Wasserpflanzen hindurch.

Nixe macht Schwimmbewegungen, Wasserpflanzen bewegen leicht ihre Chiffontücher hin und her.

Sie war ganz in Gedanken versunken, sodass sie zuerst gar nicht den großen Schatten bemerkte, der am Meeresboden erschien. Sie schaute auf und erschrak.

Hai taucht plötzlich auf, Nixe erschrickt.

Vor ihr stand ein riesiger, gefährlicher Hai! Sie blickte direkt in sein großes Maul mit den vielen spitzen Zähnen.
Vor Angst bekam die kleine Nixe kein einziges Wort heraus. Sie starrte den Hai an, und der Hai starrte die kleine Nixe an.

Nixe und Hai stehen sich stocksteif gegenüber und starren sich gegenseitig an.

Hai: Und was jetzt?

Nixe: Was, du kannst sprechen?

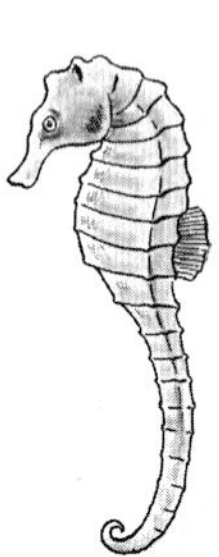

BVK • Teresa Zabori: Kita aktiv „Projektmappe Meer“

Theaterstück: Die kleine Nixe und der Hai (2) (ab 3 Jahren)

Hai: Na klar, was glaubst denn du? Wusstest du das nicht?

Nixe: Nein, ich wusste nur, dass Haie Nixen fressen.

Erzähler: Der Hai schien zu überlegen. Das, was die kleine Nixe gesagt hatte, stimmte schon. Natürlich fraßen Haie Nixen. Aber jetzt hatte er überhaupt keinen Hunger. Und eigentlich fand er die kleine Nixe ganz nett.

Nixe: Vielleicht möchtest du ja lieber mit mir Fangen spielen, anstatt mich zu fressen?

Hai: Au ja, gerne.

Nixe: Na los, dann fang mich!

Nixe rennt zwischen den Wasserpflanzen davon und macht Schwimmbewegungen. Hai folgt ihr. Auch die Fische schwimmen zwischen den Wasserpflanzen kreuz und quer hindurch. Wasserpflanzen wedeln mit den Chiffontüchern.

Erzähler: Und so kam es, dass der Hai die kleine Nixe nicht fraß. Er wurde vielmehr ihr Freund, denn sie konnten toll miteinander sprechen. Und so einen starken Freund wie den Hai konnte die kleine Nixe gut gebrauchen!

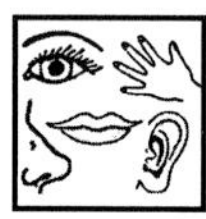

Meditation mit Muscheln (1) (ab 3 Jahren)

Material:
Muscheln (etwas mehr als Kinder), 1 Tuch, evtl. 1 CD-Player und 1 CD mit Meeresrauschen oder Meditationsmusik

Vorbereitung:
Die Muscheln werden auf das Tuch gelegt.

Spielmöglichkeit:
Die Kinder setzen sich im Kreis um das Tuch herum. Jedes Kind sucht sich eine Muschel aus.

Meditations-Text:

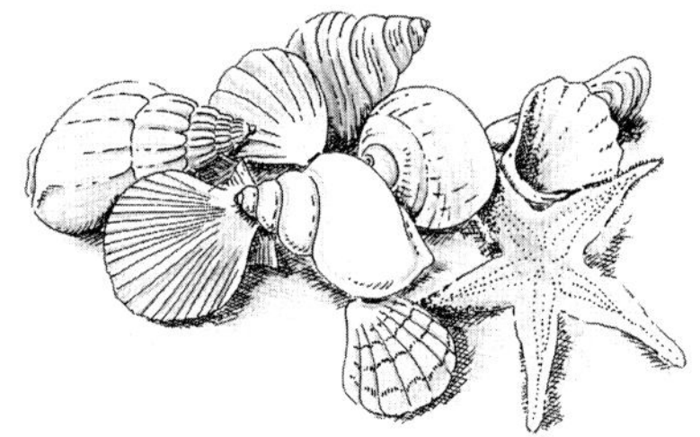

Setzt euch bequem hin.

Schaut euch eure Muschel genau an. Welche Farben hat sie?
Hat sie nur eine Farbe oder vielleicht sogar mehrere?
Könnt ihr Streifen oder Muster auf ihr entdecken?

Schließt nun eure Augen.

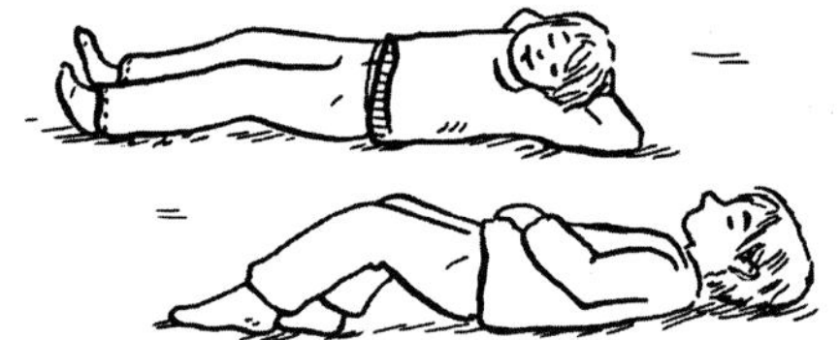

Spürt die Muschel in eurer Hand. Reibt mit dem Daumen sacht über eure Muschel.
Wie fühlt sie sich an? Ist ihre Oberfläche glatt oder rau?
Spürt ihr Rillen oder scharfe Kanten?
Kleben noch ein paar Sandkörner an ihr?

Fahrt mit euren Fingern die Kanten der Muschel entlang. Sind sie abgerundet oder scharf?

Dreht die Muschel nun um. Streicht sanft mit eurem Finger darüber. Wie fühlt sich die andere Seite der Muschel an? Könnt ihr eine kleine Rundung spüren?

Streicht weiter mit eurem Finger über die Muschel. Ist sie groß oder klein? Fühlt sie sich kalt an? Ist sie nass oder trocken?

Riecht dann an eurer Muschel. Hat sie einen besonderen Geruch? Riecht sie nach Salz? Oder nach etwas anderem? Oder könnt ihr gar nichts riechen?

Denkt nun daran, woher die Muschel kommt. Sie lag früher im Sand, tief auf dem Meeresboden. Über sie hinweg floss kaltes Wasser.

Die Muschel bestand aus zwei Teilen, ihren beiden Schalen. Diese waren geschlossen. Im Innern der Muschel lebte ein kleines, rundes Tier, so wie eine Schnecke im Schneckenhaus wohnt.

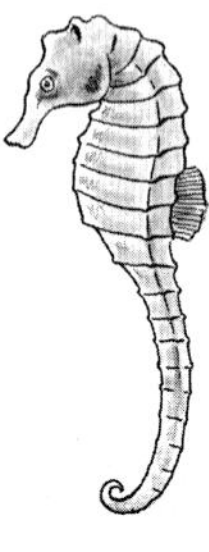

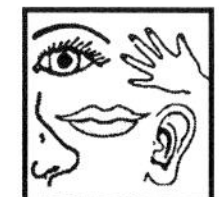

Meditation mit Muscheln (2) (ab 3 Jahren)

Auf dem Meeresboden ist es ganz schön dunkel. Die Wasserpflanzen bewegen sich sacht in der Meeresströmung hin und her. Da kommt ein großer Schwarm Fische angeschwommen. Alle Fische bewegen sich in dieselbe Richtung. Ihre silbrig-glänzenden Körper schimmern im Wasser. Sie schwimmen sehr leise und gleiten scheinbar ohne auch nur eine Flosse zu bewegen durch das Wasser.

Auf dem Meeresboden liegen viele Steine: große und kleine, zackige und runde. Aus einer Höhle in einem Felsen kommt eine große Krabbe hervorgekrochen. Sie streckt ihre Scheren aus und geht auf Nahrungssuche.
Auf dem Felsen liegen drei Seesterne. Sie leuchten rot und orange. Das Wasser strömt über sie hinweg.

Atmet einmal tief ein und haltet das Bild in euren Gedanken fest.

Nun kommen wir langsam wieder zurück. Drückt eure Muscheln noch einmal ganz fest in euren Händen und öffnet wieder die Augen.

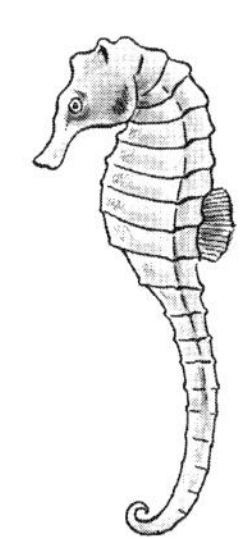

Tast-Kim (ab 2 Jahren)

Material:
verschiedene Materialien aus dem Meer (z. B. Muscheln, Sand, kleine Steine, Holzstöckchen, 1 kleines Stück von einem Netz, 1 Schneckenhaus etc.), Behälter zum Aufbewahren (z. B. kleine Schüsseln), Tücher zum Augenverbinden

Vorbereitung:
Die verschiedenen Materialien aus dem Meer werden in jeweils einen Behälter gefüllt.

Spielmöglichkeit:
Die Kinder werden in Kleingruppen aufgeteilt. Nun werden den Kindern der einzelnen Gruppen nacheinander die Augen verbunden. Gruppenweise sollen sie durch Tasten herausfinden, um welche Materialien es sich handelt. Danach erst ist die nächste Gruppe dran.

Variante:
Ergänzend zu den „echten“ Materialien aus dem Meer können auch „unechte“ Requisiten hinzugefügt werden, wie zum Beispiel Meerestiere aus Stoff oder Plastik.

BVK • Teresa Zabori: Kita aktiv „Projektmappe Meer“

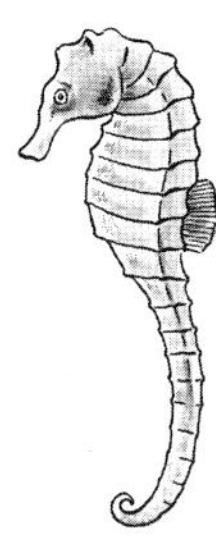

Wie klingt Wasser? (ab 3 Jahren)

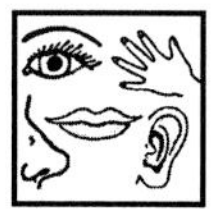

Material:
1 Wanne voll Wasser, unterschiedliche Materialien, mit denen sich „Wasser-Geräusche“ erzeugen lassen (z. B. Plastikbecher, Gläser, Strohhalme, Gießkannen, Brausetabletten, 1 volle Flasche Mineralwasser, kleine Steine, Löffel etc.)

Hinweis:
Am besten sollte dieses Angebot an einem warmen Tag im Freien durchgeführt werden, da die Kinder dabei nass werden können.

Spielmöglichkeit:
Die Kinder setzen sich in den Sitzkreis und schließen die Augen. Die Erzieherin erzeugt mit den oben genannten Dingen unterschiedliche Wasser-Geräusche (z. B. durch: Gegenstände auf das Wasser schlagen, schütteln ...) und die Kinder raten, wie und womit die Geräusche gemacht werden.
Dann dürfen die Kinder frei mit den Materialien experimentieren: Wie klingt es, wenn man mit einem Strohhalm ins Wasser pustet? Oder wenn man eine Flasche Wasser schüttelt? Oder ein kleiner Stein ins Wasser geworfen wird?

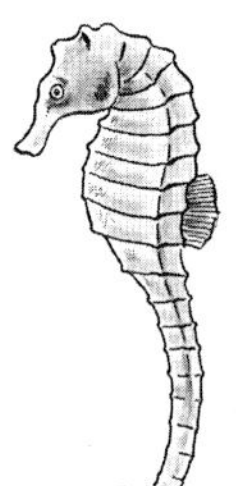

Meeresgeräusche (ab 3 Jahren)

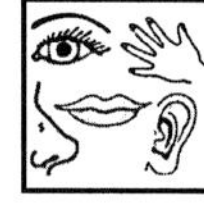

Material:
CD mit verschiedenen Meeresgeräuschen (z. B. Brandung, Kreischen der Möwen, Walgesänge, Seehundgeräusche etc.) oder Internetzugang bzw. Laptop mit Lautsprechern, CD-Player

Vorbereitung:
Legen Sie die CD in den CD-Player oder rufen Sie im Internet eine Seite auf, von der sich Meeresgeräusche abspielen lassen. Tipps dazu finden Sie in den Vorbemerkungen auf Seite 6.

Spielmöglichkeit:
Spielen Sie den Kindern die Geräusche nacheinander vor. Im ersten Durchgang sollen diese einfach nur zuhören und die Geräusche auf sich wirken lassen.
In einem zweiten Durchgang können Sie nach jeder Geräusch-Sequenz auf Stopp drücken und die Kinder erzählen bzw. raten lassen, was sie gehört haben.
Dann werden den Kindern die Geräusche noch einmal ohne Unterbrechung vorgespielt.
Im Anschluss können die Kinder zu einem oder mehreren Geräuschen ein Bild malen.

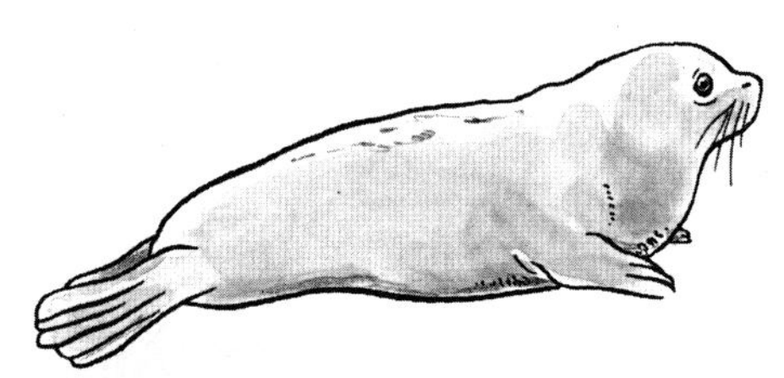

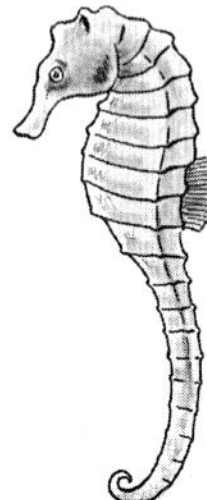

Ein Fisch (ab 4 Jahren)

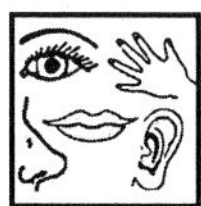

Male die Schuppen mit einem Stift weiter.

Male den Fisch dann bunt an.

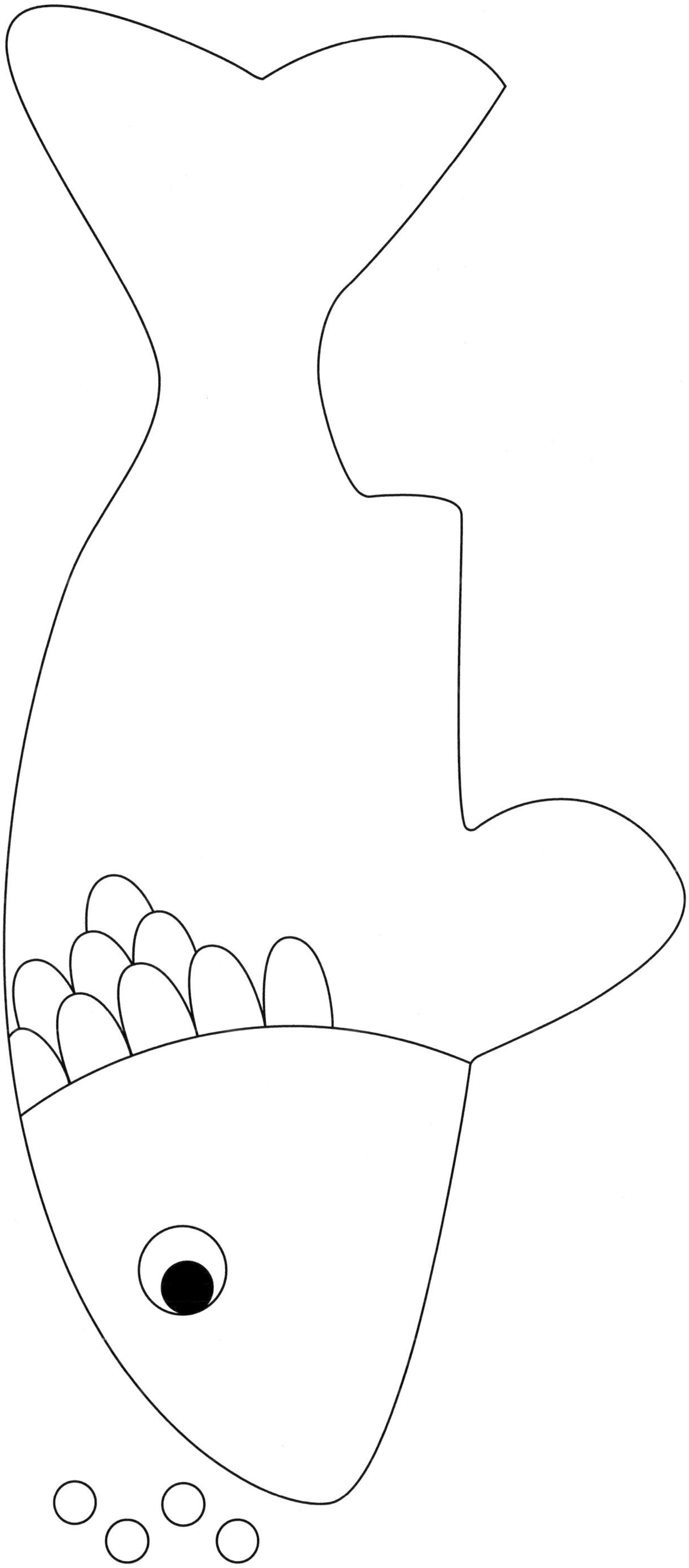

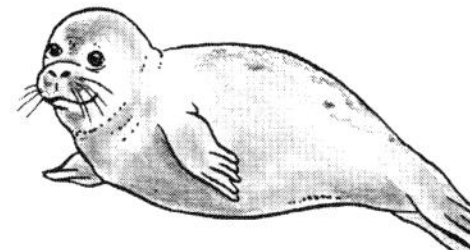

Meeresmandala (ab 3 Jahren)

Male aus.

BVK • Teresa Zabori: Kita aktiv „Projektmappe Meer“

Der Meergeist kommt (ab 2 Jahren)

Material:
Chiffontücher, Musik (z. B. CD „Aquarium“ aus dem „Karneval der Tiere“ von Camille de Saint-Saëns), 1 CD-Player oder anderes Gerät zum Abspielen der Musik, mehrere Turnreifen

Vorbereitung:
Die Reifen werden im Raum verteilt.

Spielmöglichkeit:
Die Kinder bewegen sich mit den Chiffontüchern zur Musik frei im Raum. Ein Kind spielt den „Meergeist“. Wenn die Musik stoppt, darf der Meergeist versuchen, so viele Kinder wie möglich zu fangen. Die Kinder können sich in die Reifen retten, dort sind sie in Sicherheit. Alle gefangenen Kinder werden beim nächsten Stopp der Musik selbst zu Meergeistern und versuchen, die anderen Kinder zu fangen.

Wellen mit dem Schwungtuch (ab 3 Jahren)

Material:
1 Schwungtuch

Spielmöglichkeit:
Die Kinder werden in unterschiedliche Gruppen eingeteilt: einige Kinder sind die Wale, andere die Haie, die Seepferdchen oder die Robben. Dann stellen sie sich um das Schwungtuch herum. Die Kinder einer Gruppe sollten sich möglichst gleichmäßig um das Schwungtuch verteilen. Sie halten die Griffe jeweils in Hüfthöhe. Nun beginnen die Kinder und die Erzieherin, gemeinsam das Tuch zu schwingen.

Dabei gibt die Erzieherin verschiedene Anweisungen:
- „Das Meer ist ruhig.“ Das Tuch wird langsam und leicht auf und ab bewegt.
- „Das Meer ist stürmisch.“ Das Tuch wird möglichst schnell auf und ab bewegt.
- „Alle Wale (bzw. Haie, Seepferdchen, Robben) schwimmen durch das Meer.“ Die Kinder schwingen das Tuch hoch in die Luft. Dann wechseln alle Wale (bzw. Haie, Seepferdchen oder Robben) ihre Plätze.

Varianten:
1. Die Wale, Haie, Seepferdchen und Robben laufen bei dem entsprechenden Kommando jeweils einmal außen um das Tuch und ihre Mitspieler herum, bis sie wieder an ihren ursprünglichen Plätzen angelangt sind.
2. Die Kinder versuchen, eine Welle nach dem „La-Ola-Prinzip“ entstehen zu lassen. Dazu streckt ein Kind die Arme erst hoch und lässt sie anschließend sofort zu Boden sinken. Daraufhin setzt jeweils das nächste Kind die Bewegung fort, bis eine Welle entsteht, die im Kreis wandert.

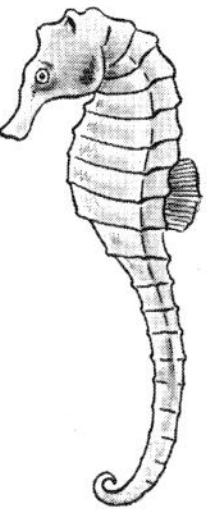

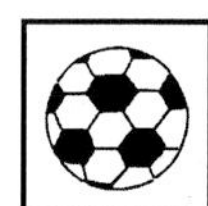

Meeresspiele an Stationen (ab 3 Jahren)

Material:
Für Station 1: 1 Sprossenwand, 1 Weichbodenmatte, Chiffontücher (in Anzahl der Kinder), 1 kleiner Kasten
Für Station 2: 1 kleiner Kasten, 2 große Kästen, 1 Stufenbarren, 2 Gymnastikmatten, 1 Weichbodenmatte
Für Station 3: Taue, 2 bzw. 4 Bänke, 2 bzw. 4 Gymnastikmatten
Für Station 4: Pylonen, 1 Rollbrett
Für Station 5: Muscheln, 1 Korb
Für Station 6: 1 kleiner Kasten, 1 Softball

Vorbereitung:
Die Stationen werden aufgebaut. Je nach der zur Verfügung stehenden Ausstattung und dem Alter der Kinder können die Stationen natürlich auch variiert werden, das heißt, einige Stationen können weggelassen oder auch andere aufgebaut werden.

Station 1: Segel einholen
Vor die Sprossenwand wird eine Matte gelegt. An die obersten Sprossen (bei jüngeren Kindern etwas tiefer) werden Chiffontücher in der Anzahl der Kinder gehängt. Neben der Matte steht ein kleiner umgedrehter Kasten. Nachdem die Kinder die Segel (Tücher) eingeholt haben, legen sie diese dort hinein.

Station 2: Über die Brücke klettern
Ein kleiner und ein großer Kasten werden hintereinandergestellt. Hinter den großen Kasten wird dazu der Stufenbarren aufgestellt, unter ihn werden Gymnastikmatten gelegt. Hinter dem Stufenbarren wird ein weiterer großer Kasten aufgestellt und hinter ihn eine Weichbodenmatte gelegt.
Die Kinder sollen über die Brücke (Barren) klettern oder sich daran entlang hangeln, ohne ins Wasser (Matten) zu fallen, in dem gefährliche Haie lauern. Abschließend klettern sie auf den großen Kasten und springen auf die Weichbodenmatte.

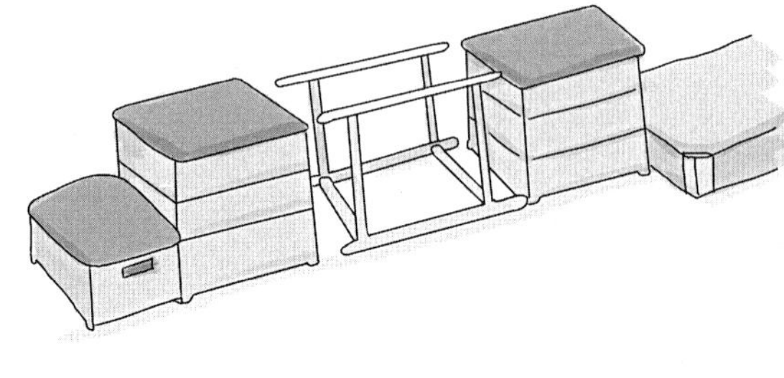

Station 3: Das Piratenschiff entern
Rechts und links der Taue werden zwei (oder vier) Bänke gestellt. Unter die Taue werden Gymnastikmatten gelegt.
Die Kinder haben die Aufgabe, an den Tauen von einem Schiff (Bank) auf das andere (Bank) zu schwingen, ohne ins Wasser (Matte) zu plumpsen.

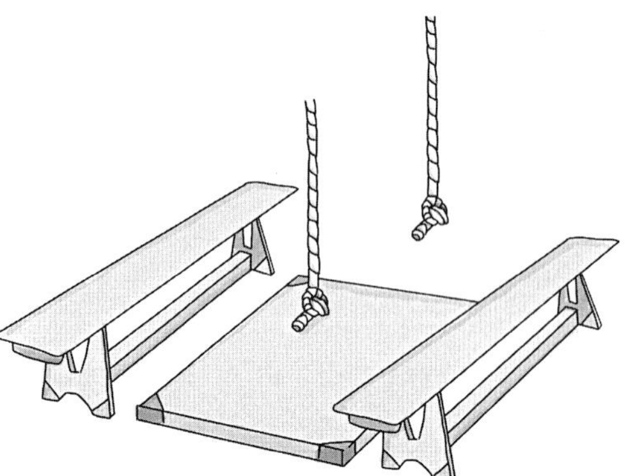

Station 4: Durch das Korallenriff schwimmen
Mehrere Pylonen werden zu einem Slalomparcours aufgestellt. Die Kinder verwandeln sich an dieser Station in Fische, die auf einem Rollbrett um die Felsen (Pylonen) herumschwimmen.

Station 5: Muscheln sammeln
Im ganzen Raum werden Muscheln versteckt. Die Kinder sollen diese sammeln und in einen Korb legen.

Station 6: Mit der Kanonenkugel schießen
Ein kleiner Kasten wird umgedreht. Mit einer Kanonenkugel (Softball) versuchen die Kinder, diesen zu treffen. Ziel ist es, den Ball in den Kasten zu werfen.

Spielmöglichkeit:
Die Kinder durchlaufen den Parcours und lösen die unterschiedlichen Aufgaben.

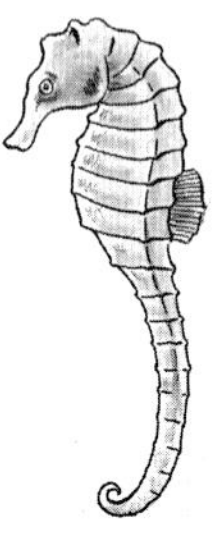

BVK • Teresa Zabori: Kita aktiv „Projektmappe Meer“

Das Schiff und der Leuchtturm (ab 4 Jahren)

Material:
1 Tuch zum Augenverbinden

Spielmöglichkeit:
Zunächst werden die unterschiedlichen Rollen verteilt: Ein Kind spielt den Leuchtturm, ein anderes das Schiff; die übrigen Kinder stellen Felsen im Meer dar.
Das Kind, das das Schiff spielt, stellt sich an ein Ende des Bewegungsraumes. Ihm werden die Augen verbunden. Nun sucht sich das „Leuchtturm-Kind“ einen Platz am anderen Ende des Raumes. Die „Felsen“ positionieren sich frei im Raum zwischen dem „Schiff“ und dem „Leuchtturm“.

Nun beginnt das Spiel: Das Schiff versucht, den Leuchtturm zu erreichen. Da jedoch starker Nebel herrscht, kann es nichts sehen. Deshalb muss es versuchen, mit Hilfe von akustischen Signalen den Weg zu finden. Dazu benutzt es sein Schiffshorn („tuuuuuut“). Auf das Tuten des Schiffes antwortet der Leuchtturm mit einem „blink-blink“. Kommt das Schiff einem Felsen gefährlich nahe, so gibt dieser Warnsignale von sich („piep-piep“).

Hat das Schiff den Leuchtturm erreicht (möglichst ohne gegen einen Felsen gefahren zu sein), so werden die Rollen getauscht und zwei andere Kinder dürfen das Schiff und der Leuchtturm sein.

Strand-Spiele für den Sandkasten (1) (ab 2 Jahren)

Sandburgen bauen

Material:
Schaufeln, Eimer, Sandspielförmchen, Wasser, evtl. Muscheln, Stöckchen etc.

Spielmöglichkeit:
Es werden mehrere Kleingruppen gebildet. Jede Gruppe erhält nun die Aufgabe, im Sandkasten eine möglichst schöne Sandburg zu bauen. Wie viele Türme die Burg haben soll, ob es einen Burggraben geben soll und weitere Details dürfen die Kinder selbst bestimmen. Ihrer Fantasie sind dabei keine Grenzen gesetzt.
Zum Schluss können die Burgen ggf. noch mit Muscheln, Stöckchen und anderen Gegenständen verziert werden.

Strand-Spiele für den Sandkasten (2) (ab 2 Jahren)

Eine Murmelbahn

Material:
Schaufeln, Murmeln

Spielmöglichkeit:
In einer Kleingruppe bauen die Kinder im Sand eine Murmelbahn. Je nach ihren motorischen Fähigkeiten kann diese sehr unterschiedlich aussehen: Es kann zum Beispiel einfach mit der Schaufel eine abschüssige lange Bahn in den Sand gezogen werden, aber auch ein hoher Sandberg gebaut werden, in den dann mit den Fingern eine spiral- oder zickzackförmige Bahn gezogen wird. Während des Bauens können die Kinder immer wieder überprüfen, ob die Murmeln auf der Bahn gut rollen oder ob noch etwas verbessert werden muss. Am Ende der Murmelbahn wird ein kleines Loch gegraben, das ist das „Ziel", in das die Murmeln hineinkullern sollen.
Zum Schluss findet ein kleiner Wettkampf statt: Welche Murmeln erreichen das Ziel?

Malen im Sand

Material:
evtl. Stöckchen

Spielmöglichkeit:
Die Kinder malen mit einem Stöckchen oder ihren Fingern im Sand. Die anderen Kinder raten, um was es sich handelt. Bei älteren Kindern, die schon relativ gut malen können, kann das Thema auch eingegrenzt werden, zum Beispiel dürfen sie nur Meerestiere o. Ä. malen.

Abdrücke im Sand

Material:
Wasser, 1 Schaufel, verschiedene Gegenstände (z. B. 1 Muschel, 1 Schneckenhaus, 1 Sandförmchen, 1 Sieb, 1 Stöckchen, 1 Schlüssel, 1 Kamm etc.)

Vorbereitung:
Ein Teil des Sandkastens wird mit Wasser befeuchtet und mit der Schaufel geglättet, sodass eine ebene Fläche entsteht. Dort werden die unterschiedlichen Gegenstände von der Erzieherin hineingedrückt und anschließend wieder herausgezogen.

Spielmöglichkeit:
Die Kinder betrachten die Abdrücke im Sand und raten reihum, um welchen Gegenstand es sich handelt. Hat ein Kind einen Abdruck richtig erkannt, so bekommt es von der Erzieherin den echten Gegenstand ausgehändigt. Nun können alle Kinder das Original mit dem Abdruck vergleichen.

Variante:
Ältere Kinder können das Spiel auch in Zweier- oder Kleingruppen selbstständig spielen. Ein Spieler / Team schließt dabei jeweils die Augen, während das andere Kind / Team die Gegenstände in den Sand drückt. Wenn alles richtig erraten wurde, werden die Rollen gewechselt.